LOCUS

LOCUS

LOCUS

LOCUS

mark

這個系列標記的是一些人、一些事件與活動。

mark 138

透視靈間2：修行就在生活中

作者：平易
責任編輯：翁淑靜
校對：陳錦輝
封面設計：許慈力
封面繪圖：許慈力
內頁排版：洪素貞

出版者：大塊文化出版股份有限公司
台北市 10550 南京東路四段 25 號 11 樓 www.locuspublishing.com
讀者服務專線：0800-006689 TEL：(02) 87123898 FAX：(02) 87123897
郵撥帳號：18955675 戶名：大塊文化出版股份有限公司
法律顧問：董安丹律師、顧慕堯律師

總經銷：大和書報圖書股份有限公司
地址：新北市新莊區五工五路 2 號
TEL：(02) 89902588（代表號） FAX：(02) 22901658
製版：瑞豐實業股份有限公司
初版一刷：2018 年 5 月
定價：新台幣 280 元
Printed in Taiwan

國家圖書館預行編目資料

透視靈間. 2 : 修行就在生活中 / 平易著. -- 初版. --
台北市 : 大塊文化, 2018.05
面； 公分. -- (mark ; 138)
ISBN 978-986-213-884-7(平裝)

1.輪迴 2.靈魂

216.9 107004351

透視靈間 2

平易 著

修行就在生活中

第一章　前世篇

俗語說：「善惡到頭終有報，不是不報，只是時候未到。」不管事隔幾個世代，在時機成熟的時候，還是要了結的！

Contents 目錄

第二章 今生篇

人生的造化瞬息萬變，難以掌握。如果不想虛度生命，還是應該盡早做些規劃。趁手腳還靈活時，多做一些有益身心的活動；趁著腦筋還靈活時，多看多讀一些善知識，增長智慧；更要趁著有限的人生，多多去做一些行善積德，利益他人的事。

Contents 目錄

第三章　神諭篇

信仰是人們的精神依靠，但是人們在向神明虔誠膜拜、許願及求財的同時，應該也要省思自己到底積存了多少「資糧」。

〔自序〕

仙佛給我的功課

一顆沙粒是一顆塵埃，一個種子是一個未來。沙粒吹到對的地方，堆成了一座高塔；種子飛到對的地方，長成了一顆大樹。如果「因」註定成為「果」，那麼，人生還有什麼期待？勇於追求積極向上的能量，相信，信念終能改變結果！

很多人都聽過「天生我材必有用」，這句話是形容每個人都有他發揮的能力跟長處；換言之，每個人都不是平白來到人世間的，都必然有自己與生俱來的使命跟工作，只是自己不一定能清楚認知而已。

二〇一五年七月中旬，我跟幾位朋友去大陸的浙江省旅遊，此行主要是去普陀山、靈隱寺跟雪竇寺。

特別要提到這座位在雪竇山風景區的雪竇寺。它的全名是「雪竇資聖禪寺」，興建於晉代，歷史相當悠久，是著名的禪宗寺廟，名列「禪宗十剎」之一，也是布袋和尚彌勒佛的道場。

造訪雪竇寺的當天，天氣很好，朗朗乾坤，朵朵白雲，雖然是七月的夏天，但由於這僻靜優雅的禪寺地處山中，清風徐徐吹來，絲毫沒有盛夏的酷熱。

車子停在風景區的遊客中心前面，導遊先下車去買門票時，我坐在車上，挨著車窗看牌樓，遠遠地望向了禪寺。當我正在讚嘆風光明媚、綠蔭悠然之際，突然一股氣場來到，咦？「有人」說話了。

原來是雪竇寺正殿內的彌勒菩薩捎來訊息，我趕緊拿起筆記本記下。祂說：

何以千斤不能頂？
一念成佛在我心，
我問彌勒觀古今。
千斤頂啊頂千斤，

彌勒菩薩的意思是：「千斤頂能頂起像一千斤那麼重的東西，代表的是承擔的能力。妳今日有緣來我的道場訪道，想知道我彌勒菩薩從古到今，看盡人世間歲月流轉的滄桑變化，在我的眼裡，究竟什麼是法？而妳既然有一念成佛之心，為什麼千斤重的擔子，妳不願意頂下來？」

接著祂又說：「承擔力就是妳從今天開始的功課，不問妳想不想，只問妳做不做！」

看著筆記本上面字跡有些潦草但清晰可辨的每個字，我瞬間頭皮發麻，內心的震撼無以復加！因為彌勒菩薩竟然如此洞悉我的心思與糾結，並且毫不客氣地給了我一記當頭棒喝！

由於二〇一四年十月《透視靈間》出版之後，得到不少讀者的迴響，讓我的生活變得有點忙亂。到了二〇一五年五月，縱使文昌帝君指示我應該再寫第二本書，繼續宣傳善心善念、因果循環的道理，但我仍然忙碌於現實生活的種種事務，遲遲沒有下定決心來付諸實行。而今天初次見面的彌勒菩薩竟然能洞察我這般天人交戰的心情，著實令人驚訝不已！

彌勒菩薩的這一番話，就像一顆顆的石頭投射到我的心湖裡，掀起一波一波的漣漪。是啊！每個人都習慣在自己的舒適圈中安逸地過活，所以講責任也好，承擔力也罷，大部分的時候，我們總是過一天算一天，鮮少思考很久以後的事。這情況就像每次要接近過年的時候，會驚覺時光總在不知不覺當中溜走，不是才剛過完年嗎？怎麼又要過年了？

幾個小時之後，在夕陽的餘暉下，我們離開了雪竇寺前往下一個行程。但我內心的悸動仍在餘波蕩漾，除了讚嘆這座千年寺廟建築的莊嚴恢宏，對於彌勒菩薩的無邊智慧，更是感佩。

回想二〇一〇年時，因為文昌帝君的指示，我開始了每週一次在台中廟裡的聖事服務。有很多來自各地的人到廟裡請求神明指點迷津，有些是因為事業或運途，有些是因為生病，有些是來問姻緣，有些是來求智慧……

幾年下來，我從這些求助的信眾身上看到很多真實發生的故事，有些引人熱淚、有些發人深省，也有些令人鼻酸、感觸良深。有許多讀者頻頻詢問何時再出版第二本書，甚至表達助印的意願。後來，由於文昌帝君指示應該再把這些故事分享給更多人，所以我便著手開始整理。但因為自己周旋在事業、家庭、研究所的學業，還有廟裡的聖事跟諮詢的個案，生活已經相當忙碌而緊湊，因此寫作的事總是斷斷續續地進行，不夠積極。

或許是時間到了，這次的雪竇寺之行，讓我重新省思以及定位自己的人生價值。我認知到，人不是平白來這人世間，每個人都有要完成的任務；透過文章來傳達仙佛的智慧跟道理，就是我必須去做的事，也就是我的使命！而彌勒菩薩跟眾仙佛要告訴我的，就是這個啟示。

文昌帝君曾告訴我一段話。祂說：「銀河得以璀璨是因為包羅萬象，人格得以昇華是因為願意從善。勇於接受人生的起伏跟考驗，若你是一塊寶玉，自然磨得出亮光！」是啊！人因為被需要而偉大，而人生的意義並不在於追求金錢與名利，而是實踐存在的價值，當生命走到終點時，回顧一生，沒有白活！

非常感謝台中聖華慈惠堂的主神瑤池金母、文昌帝君跟眾仙佛的慈悲護持，以及堂主楊老師、師母跟廟裡師兄姊長期的幫忙。八年多來，每星期在廟的濟世服務，由於忙完都接近午夜，多虧好友洪子傑夫婦的溫馨接送跟提供住宿，讓我非常感動。我更衷心地感謝我的家人、好友們的支持，給予我不斷前進的力量。這本書能順利出版，還要感謝大塊出版社的董事長郝明義先生跟出版社同仁們的協助。要感謝的人太多了，很感謝每一個成就這本書的因緣，也希望大家都能勇於去實踐自己、創造生命的價值！

祝福大家：

身體健康、諸事順利！

平易 二〇一八年元月八日於寒舍

第一章 前世篇

緣起乍落惹塵埃，
心如明鏡觀自在。
浮雲遊子歸天涯，
來時去路皆明白。

禁臠

（台語）寒山夜露孤魂飄，
聲聲淒怨無人曉。
千絲萬縷陰陽牽，
寄夢託告緣未了。

那日早晨，我聽著廣播電台播放的輕快歌曲，開車上了高速公路，打算去岡山拜訪一位客戶。

行進當中，手機突然響起。電話另一端的口氣顯得十分急迫，原來是秀美打來的。她說她的兒子阿順昨天半夜昏倒了，問我有沒有空，要帶阿順過來找我。

我一方面為她兒子感到緊張，一方面又想：兒子半夜昏倒不是應該趕快去看醫生嗎？怎麼會帶來找我呢？

但我的思緒很快就被秀美的話打斷。她說阿順昨天半夜裡做了一場夢，夢見有位老先生告訴他，他的背後跟了一名女鬼，接著就帶他去一個地方拜拜。當阿順跪下來雙手合十，躬身膜拜時，桌上的神像忽然著火，燒起來，阿順嚇了一大跳，就醒過來了。

阿順醒來以後，渾身不自在，起床想要倒杯水喝時，竟然就昏過去。昏迷中，阿順又做了一個夢，這次夢裡出現一名女子的模糊身影，那女子表明要做他的妻子。幾個小時以後，當阿順再度醒來時，他感到腦袋混混沌沌、全身痠痛不已。

就在我邊開車邊聽秀美描述她兒子的遭遇時，奇怪的事竟然發生了！一股陰寒之氣竟然沿著我的腳跟由下往上爬，使得雙腳又麻又冷。

因為正在高速公路上行駛，根本沒辦法停車，我趕緊叫秀美先帶他兒子去看醫生，接著再去收驚。匆匆切掉電話之後，我對著背上那股蔓延的氣場，唸了一段咒語，並厲聲斥責：「孽畜！還不趕快滾開！」一瞬間，一道自百會穴灌下的仙佛正氣震退了那股寒氣。

待陰氣散去，回過神後，我依舊感到怪異，我又不是《倩女幽魂》裡的燕赤霞，怎會用「孽畜」這個字眼呢？雖說這幾年來經歷了很多奇怪的事件，但都沒有像今天的經歷如此驚悚！怪哉！怪哉！

我鎮定地繼續開車，但卻隱約看到有一道虛無縹緲的身影，是一位穿著古代服裝的女子。祂以幽怨中帶著請求的口吻告訴我：「您可以聽我說嗎？」

我嘀咕著，祢也太瞎了吧，有事可以站遠一點說嘛，幹嘛這樣驚擾呢？下了交流道，我將車子停靠在路邊一處安全地點，心想，就姑且聽聽祂到底有什麼事情要說吧。

接著，我的眼前浮現以下的景象：祂在一個水缸之中，只露出頭部。當下，我腦中閃過「人彘」二字，這場景好像古代一種把人砍去四肢變成肉球的酷刑。

祂說祂本是一名尚書之女，不料，某日酒後失身於父親的貼身侍衛。既然生米煮成熟飯了，只得委身下嫁已有家室的侍衛為妾。沒想到，這侍衛的元配是個妒意甚強而且心腸狠毒的女人，竟然趁月黑風高之際夥同歹人迷昏祂，砍下祂的四肢後將祂塞入一個水缸之中。任憑祂怎麼哀號求饒，他們依然無情地對祂施暴。可憐的祂，叫天天不應叫地地不靈，就這樣被活活地凌虐死去。臨終時懷抱的痛苦跟仇怨，使祂的陰魂飄啊飄地尋尋覓覓了好幾世，一心只想著要報仇。

而秀美的兒子阿順，就是那一世裡祂父親的貼身侍衛，雖然不是他加害於祂，但整起事件也是因他而起。

聽完祂的遭遇，我的憐憫之心油然而生，覺得祂真的很可憐啊！但同時也想到，這件事只怕不好處理，如果秀美、阿順母子倆有來找我時，再看看如何處置。

一星期過去了，秀美都沒打電話找我……轉眼又過一個月了，我想應該沒什麼問題了，也就沒把這件事放在心上。

沒想到，某個星期二的早上，我站在台中高鐵站的月台上準備搭車回高雄，卻接到秀美的來電，問我在不在公司，她跟阿順要來找我。掛上電話，我心想，該處理的終究還是須要解決吧。

當天回到高雄已接近中午，我剛要進公司，秀美就帶著她兒子出現了，情況顯然有點緊急。

會客室裡，秀美喝著茶，說出了今天的來意。

秀美說，一個月前她打電話告訴我阿順半夜做惡夢，起床後又暈倒的事，後來她看兒子情況還好，再加上自己事業也忙，就忘了帶他去收驚。沒想到，昨晚兒子跟女朋友講電話聊天時，女朋友說最近老是夢到一個女人。

兒子聽了嚇一跳，說起一個月前的那個夢，兩人仔細查對起來，發現竟然夢到的是同一個女人！當下，一陣寒氣襲來，阿順跟電話那頭的女友同時背脊發涼。

我仔細看了一下阿順，秀氣的臉龐果然透著青光，印堂發黑，很不尋常。透過感應，我問了隱身跟在阿順身旁的「祂」，果然就是那位尚書之女。

接著，我就將尚書之女告訴我的事情，一五一十地講述給秀美母子知道。聽我轉述了這段前世因緣，秀美跟她兒子渾身起雞皮疙瘩，緊張得不知如何是好。

我勸祂：「冤冤相報何時了，祢這樣貼身跟隨，也消解不了當時所受的苦痛啊！而且，當時也不是阿順殘害祢的呀！」

祂說：「雖然不是他害的，但是他卻沒有救我，我恨他能作為而不作為，懦弱無能啊……」這聲聲血淚，聽起來真教人心酸。

接下來，祂沉默了幾分鐘，沒再表示什麼。這幾分鐘對秀美母子來說，卻像一世紀那麼久。

最後，我只得請祂看在仙佛的面子上，商量如何能消弭這樁前世遺留下來的恩怨。終於，在秀美母子的誠心懺悔之下，祂開出了兩個條件：想找當初那些歹人報仇，祂要阿順去鳳山城隍廟，向城隍爺稟告，請求城隍爺為祂做主。

另外，祂說祂知道秀美先前有捐助興建寺廟，祂希望秀美能將這份功德轉給祂，讓祂得以去轉生超脫。

聽完我轉述的話，秀美和阿順緊繃的神情頓時輕鬆下來，連連點頭表示願意去做。近午，還沒等我留他們一起吃飯，秀美就急著帶阿順離開，說要直接去城隍廟，然後明晚要去台中廟裡拜拜，請求文昌帝君作主，將捐贈建廟的功德轉給祂，還要超渡祂。

這時候的秀美跟阿順已經一掃陰霾，來時的愁慌全消，終於有了笑容。我看著母子倆離去的背影，真心希望這陰陽兩界的人都能因此獲得圓滿。

一個禮拜以後，我打了通電話問候秀美。電話裡，秀美說到那日她從我公司離開後直奔城隍廟，隔天又帶阿順去廟裡渡化阿順的冤親債主。託仙佛保佑，過程相當順利，處理完，阿順的身體跟精神也明顯好了許多，秀美心裡的擔憂也終於能夠放下了。

人生在世，有時候「我不殺伯仁，伯仁卻因我而死」，這句話用來形容阿順這起前世的因果事件再貼切不過了。前世裡的阿順行為不當，犯了過錯，雖然當時並沒有受到報應懲罰，卻意外害了尚書女兒受到淩遲致死的折磨。幾百年過去了，那飄蕩幽怨的陰魂最終還是找到他，了結前世未完的債務。

看到這裡，仔細想想，在日常生活當中，不管是做人還是做事，真的都要謹言慎行啊！

投胎現形記

（台語）雞啼聲聲叫，
造業受苦報。
越頭沒選擇，
輪迴畜生道。

晚上十一點多，結束了一天的忙碌，我躺在床上準備睡覺。怎知，周遭的氛圍似乎怪怪的。我閉上眼睛，朦朧之間，看到一個景象：有一個看似陌生又彷彿熟識的身影，我仔細地瞧了瞧，好像是一位過世十幾年的長輩。

咦！真的就是那位長輩，看起來，祂好像要去投胎的樣子。

在好奇心的驅使下，我認真地繼續看下去。接著，就看見祂跟兩、三個「人」

在排隊，排著，排著……不對耶！祂們怎麼往一隻母雞的屁股，那個陰暗狹窄又潮溼的屁股裡鑽了進去。

不……會……吧?!我驚訝地立刻從床上坐起來。由於這突如其來的畫面太過震撼，我揉了揉雙眼，睡意全消。我在床上坐了幾分鐘，既然睡不著了，索性就起床去飲水機倒了一杯水，轉身走到客廳，把身體埋到沙發裡，慵懶地窩著。

看著熱茶冒出來的白煙，無法形容當下的心情，我的思緒飄飄然地回到三個月前的那個傍晚。

那天下午五點多，結束了拜訪客戶的行程從外地開車回公司。我開著車，卻看見擋風玻璃前方隱約出現一個身影，那是高雄某間城隍廟裡頭的「白無常」。

相信一般人都聽過「黑白無常」這二位神將，民間傳說，黑白無常的職責是拘提陽壽已盡的靈魂前往陰間，所以一般人對黑白無常有些畏懼。由於平日裡跟祂們素無交集，我不知道這位白無常是為何事而來？

還在納悶當中，接著就出現了這位長輩的身影。我心想，祂不是已經過世十幾年了嗎？難道在另一個世界裡過得不好嗎？

透過白無常的轉達，我才知道，原來這位長輩因為生前為人尖酸刻薄、口德很差，造了很多的惡業，乃至於祂過世之後的這十幾年來都是在「拔舌地獄」裡頭受苦刑。那日日夜夜拔舌的驚悚劇痛跟折磨，讓祂痛苦萬分。

我驚呼：「原來真的有拔舌地獄啊！」

這位長輩因為造業太多，導致祂縱使已經到了陰間仍然必須接受懲罰。如今祂被押解到城隍廟來，因為祂知道我有在寺廟裡服務，所以才特別託白無常來告訴我，請我念在大家親戚一場的情分上，到廟裡去向瑤池金母跟文昌帝君請求，請求神明慈悲救渡祂離開拔舌地獄。

雖然祂在世時與我甚少見面，關係並不密切，但是看見祂這樣受苦我也於心不忍。隔週的星期一，我便到廟裡去請求神明做主。當日，文昌帝君點派了三十六朵蓮花渡化祂離開那個暗無天日的煉獄。

就這樣，三個月過去了，想必是祂離開拔舌地獄之後，就開始在陰間「排隊」等候投胎，現在時間到了就要去投胎了。

看到祂能夠投胎不在陰間受苦畢竟是件好事，也值得為祂高興。只是，因為祂在世時為人刻薄、造孽太多，現在就算能投胎了，也只能投生到畜牲道。

畢竟是認識的長輩，現在要投生到畜牲道去做雞，等幾個月後，時間到了，又要被人宰殺，被人烹煮，然後再被吃下肚……想到這裡，我搖了搖頭，實在不願意看見這種情景。

這麼多年以來，很多奇異的事情跟現象，對我而言早已見怪不怪了。但今天看到這位長輩的遭遇，在這夜深人靜時，我啜了一口茶，心裡著實感到有點心酸。

「人身難得」這四個字，是佛教裡用來勸人及時悔改、多行善積德的話，用在這位長輩的身上真是再適當不過了。如果這位長輩在世的時候，有機會聽到一些善知識，願意改變想法，能夠知道反省、改變行為，做人能夠寬厚一些、不要那麼地吝嗇刻薄，能夠多積點福德……那麼，祂往生之後也就不會墜落到地獄去受苦，折磨了這麼多年之後還要投生去畜牲道了。

這真真實實的現世果報，震撼人心。看到這裡，你還能說沒有「六道輪迴」這件事嗎？你一定要相信，這一切嚨係真的！

豬母稅

（台語）輕言一諾誤三代，
淒淒風吹困現在。
恩恩怨怨難化解，
咒念捆縛總無奈。

千百年來，隨著時代的演變，許多古時候的禁忌或典故已經漸漸被人遺忘。身在現代社會的人們，對於一些民間流傳許久的習俗或作法，會覺得是迷信或陋習，但這次親身見證阿明的事情之後，我不得不相信有些事情因為當時的時空背景，確實有它存在的依據；而這些事件，卻可能對後代子孫造成一定程度的影響。

老一輩的人，或多或少都聽過「抽豬母稅」這個名詞。這是農業社會的習俗，以下便是一則跟「豬母稅」有關的真實故事。

中元節將近，阿明回鄉下祖厝去祭拜祖先，雖說住在那裡的堂兄弟們依然熱烈招呼，但是，近百年的祖厝在經年累月的風雨摧殘下，卻顯得有些傾頹和敗壞。

隨著金銀紙錢的燒化，此番祭拜的行程也就結束了。拜拜完離開祖厝的時候，阿明心裡頭不自覺地想：這幾個堂哥都年過半百，卻仍是孤家寡人，而且工作有一搭沒一搭的，幾個人就守在高樓後方的這間百年古厝裡生活，居家用品也很簡陋，情景看來真是蒼涼。

因為家族之中這樣的例子還真不少，阿明當下心裡起了一點疑惑：雖說「各人造業各人擔」，但這情況會不會是因為什麼原因造成的呢？

由於阿明對宗教信仰一向很虔誠，帶著滿心的困惑，他來廟裡請示文昌帝君之後，得到了一個訊息：「抽豬母稅。」

阿明愣了一下，「抽豬母稅？」這到底是蝦咪代誌？跟養豬有關嗎？

一頭霧水的阿明上網查了一下，終於找到「豬母稅」這個名詞的由來。

原來，在農業社會時，閩南人有一項習俗，農家會把家裡飼養的母豬出借給他人，等到出借的母豬生了小豬仔，這頭母豬的主人便可以分得幾隻小豬仔作為報酬，俗稱「抽豬母稅」，或「抽豬母租」。

「抽豬母稅」這個詞句，後來也用於形容一種特殊的婚姻關係，就是台灣人早期的「入贅」習俗。家中沒有男丁的人，會以招贅的方式為女兒招夫，或者就算不是用招的，只要女方家中無子嗣，婚嫁時會先言明日後所生的兒子必須有一房從母姓，藉此來延續女方家的香火，因此被稱為「抽豬母稅」。

看到這裡，阿明的心裡打了很大的問號，那這「抽豬母稅」跟堂哥們的情況有什麼關聯？

因為這個疑問，阿明去戶政事務所調出日據時代的戶籍謄本，竟然因此揭開一樁埋藏了將近一世紀的家族祕密。

看著那用毛筆字記載的戶籍謄本，上頭的記事欄，赫然出現某某某「招夫」二字，阿明感到更加納悶了。他百般推敲，企圖還原當時的情節，也打了幾通電話想要請教長輩，卻因為家族中的長輩大都已經過世而無法得知細節。

最後，阿明來到廟裡，在神明的作主之下，恭請到阿明的外高祖母（有一說法是稱「太祖」）來，那位外高祖母幽怨地向神明敘述了當年的故事。

原來，民國初年，阿明的外高祖父母結婚之後，胼手胝足、刻苦耐勞地務農。

日子雖然過得清苦，但夫妻同心，加上所生的女兒也孝順，生活倒也單純平安。

阿明的外高祖父過世後，因為家中沒有男孩，阿明的外高祖母擔心無法延續香火，她就為家裡唯一的女兒，也就是阿明的曾祖母「招尪」。「招尪」就是招贅、招夫婿。

就這樣，阿明的曾祖父便入贅過來。

外高祖母一開始就跟阿明的曾祖父表明立場，大家說好：阿明的曾祖父和曾祖母日後所生的兒子，除了長子以外，必須有一房從母姓，繼承、延續娘家的香火。因此，後來阿明的曾祖父和曾祖母平時就供奉著兩家的祖先牌位，過年過節都會準備供品、燒香禮拜，從不疏漏。

由於當時農業社會的男性，有的因為日子過得很困苦、謀生不易才會願意被招贅，由於這也不是一件光彩的事，他們大多不會去張揚，所以知道這件事的人並不多。

幾年過後，外高祖母年老罹病過世；而阿明的曾祖父和曾祖母陸續生了幾個兒女，卻沒有遵守必須從母姓的約定。就這樣，到了阿明祖父那一輩，只知道家裡供奉兩個祖先牌位。一個是他外婆娘家的，一個才是正宗的祖先牌位。

後來隨著家族分枝散葉，各房兄弟長大後分家外出發展，分出去的兄弟都只有供奉祭拜本姓的祖先牌位，阿明的阿公結婚遷居後也是如此。時間流轉幾十年後，當年外高祖父母的牌位就只剩下留在祖厝最小那一房的叔公還有在拜而已。幾年前，那位叔公因為年事已高自覺時日無多，便將外高祖父母的牌位請到寺廟去供奉了。

就這樣，多少年來，阿明的外高祖母的怨氣一直圍繞著家族裡的後代男丁，漸漸就演變成阿明現在所看到的情景。當然，他們的窘況並不完全是阿明的外高祖母的怨氣所造成，主要還是跟家族男丁們自己本身的福分、業報有關。

阿明的外高祖母忿忿不平地告訴神明：「當初有講好，要有一房繼承我們家的香火，結果根本沒有做到；後來只剩下最小的那房有在拜；最後，竟然還乾脆把我們請去廟裡放。這……這算是哪門子的道理？我心裡頭很怨啊！」

這樣的事件，看起來很像是靈異節目或鄉土連續劇上演的劇情，今天如果不是發生在阿明身上，我恐怕也是很難置信的。

台語有句話說：「萬里江山一點願。」人死了以後只剩下一個意念，當祂生前所在意的事或心願未了時，勢必會牽動著祂的靈魂，徘徊跟隨，甚至糾纏不放。

或許是機緣成熟了，所以經由阿明來揭開這起塵封的往事；聽到這裡，阿明終於明白事件的始末，但身為後代子孫的他，對於先祖們這些過往的恩怨跟無奈，他實在也無力改變什麼。

阿明只能誠心地禮拜，也奉上蓮花紙錢，祈求外高祖母看在神明的勸解下，能夠放下心頭的不平和怨氣，接受仙佛的渡化，到仙鄉去修行。

十幾分鐘過去了，在阿明的一片赤誠之下，外高祖母終於接受了阿明的心意，在連續擲得叩、叩、叩三個聖筊後，阿明的外高祖母終於答應放下這幾十年來的怨氣。

看著蓮花燃燒的火光，阿明知道外高祖母已化作一縷輕煙去瑤池仙境聽經聞法。

走出廟外，阿明望著夜晚的天空，飄浮著幾朵白雲，他在心裡默默祝福外高祖母能在仙鄉修成正果，超脫苦海；也希望家族裡的男丁能因此擺脫陳年的禁錮，把握生活的轉機！

千年的約定

雲台水月鏡花緣，
鋪陳舊夢一縷牽。
驀然回首千秋過，
清風掛淚也纏綿。

很多人都有旅遊的經驗，有些人很喜歡旅遊而且經常在旅遊，有些人偶爾出遊或是利用假日帶家人去旅遊。

那麼，有沒有想過旅遊的目的是什麼呢？

散散心、放鬆心情、紓解工作壓力、看山看水陶冶性情，或是維繫家人感情……等等，這些都是促成去旅遊的原因。

至於旅遊的時間跟地點，是自己擬定旅遊計畫，還是冥冥之中既定的安排呢？有沒有可能這樣的安排，是讓你在某個時間點，去某個地方，好遇見某個人，來了卻一個前世的約定呢？

答案應該是肯定的喔！來看看玉玲的故事吧。

二〇一四年的暑假，我和幾個朋友去大陸山西旅遊，玉玲跟她的先生也是團員之一。

就像大多數的人一樣，到了山西，一定會去五臺山，因為五臺山是佛教四大名山[1]之一，也是文殊菩薩的道場。

五臺山之行的第三天，清晨四點鐘，我們就已經站在飯店門口等車來載。為什麼要一大早起床呢？因為今天要去五臺山的著名景點「佛母洞」。

「佛母洞」又稱為「千佛洞」，屬於石灰岩洞。雖然只是個小山洞，卻大有來歷。相傳這是釋迦摩尼佛的母親摩耶訶夫人的子宮，人們鑽進去再鑽出來，象徵出世、入世的意義，也代表重生。此外，聽說佛母洞是非常特殊的景點，一般人若非緣分俱足，是不容易進入的。也因為如此，使得到五臺山朝聖的人，都會爭相排隊來鑽佛母洞。

出發前往佛母洞時，天色還很暗，伸手看不清五指。原本路還算寬，沒想到轉個彎，開進大路旁邊的一條草坡小徑，路況變得更驚險了。我心裡想，這也算是一條路嗎？

車子挨著山壁行駛，一邊是漆黑不見底的山崖，車子底盤那麼低，在這種顛簸的碎石路上爬坡，在泥濘狹窄的山道上急駛，我們可是坐得膽戰心驚的。由於前一天夜裡下過雨，山路陡峭濕滑不說，充滿碎石又有積水，路況甚差，我的心隨著車子顛簸起伏，也是忐忑得很。

司機顯然相當熟悉路況，左彎右拐，毫不生疏。突然之間，山道的對向有燈光照過來，不會吧？這看來只能容許一輛車行駛的山路，怎麼還有空間可以會車？正當我們還在懷疑，車子順著勢就過了，果然這司機技術了得，叔叔有練過的。

開了二十幾分鐘，由於無法在再往上了，導遊就招呼我們下車開始步行爬梯上山。十幾分鐘後我們登上了佛母洞所在的寺廟前，還來不及慶幸終於到了，心情馬上被眼前的景象打落谷底……蝦咪？這寺廟的大門還沒開呢，廟門前卻已經

1 普陀山與山西五臺山、四川峨眉山、安徽九華山，並稱為佛教四大名山。

擠了大約二百人，人聲鼎沸，好不熱鬧。

信仰的力量真是偉大，排隊的人群中有許多老先生老太太，為了搶得頭香，他們可是凌晨一點就來排隊了。廟前的場地不大，架了幾排欄杆。由於人真的太多了，大家迂迴地排隊，一個個挨著身體，很擁擠，一不注意就有人貼過來，再順勢插隊到前頭去。我們這群台灣來的遊客，還搞不清楚情況，只覺得越排前頭的人越多，本來排在我們後方的幾位大嬸，一溜煙已經排到前面好遠的地方去了，真是厲害！

由於六點半才開廟門，大家邊排隊邊繪聲繪影地描述佛母洞的神奇。聽說由於佛母洞的形狀特殊，而且洞口相當窄小，一次只能容納一個人進出。鑽的人要雙手伸直合掌向上，側身才能進入洞內。還說，無論胖瘦，只要姿勢正確加上因緣俱足，就可以順利進入；但也聽說有瘦子卡在洞口進退不得……這樣想必是很尷尬的情況吧！

說到這裡，可別以為這篇主要介紹佛母洞。今天的主角並不是佛母洞，而是同行友人玉玲的一段前世約定。

十點多，太陽已經高掛天空，都還沒輪到我們去鑽佛母洞。這時排隊的人潮，粗估也有三百多人，由於很多人忍耐不住，到處插隊，偶爾會傳來叫罵、衝突的聲音。

就在這人擠人的隊伍裡，排在我身旁的玉玲，一邊排隊一邊在觀望人群時，目光卻被在不遠處排隊的一位出家師父所吸引。當那位師父回頭與人交談的時候，玉玲的眼光正好跟那位師父四目交接……

當下，她突然怦然心動！那種悸動的感覺，讓她瞬間眼眶濕熱，震撼不已！她居然有一種感覺：那個出家師父是她前世的伴侶；而且她從那位師父驚異的眼神之中，她確切地明白他也知道。就在那個當下，時空好像暫停了，周遭吵雜的人群彷彿散去，現場只剩下他們倆。

不知是過了幾秒，還是更久……「喂！前進啦！」玉玲的老公催促的聲音把她拉回了現實。怕被身旁的老公察覺異狀，她趕緊別過頭去擦拭眼淚。

一個小時之後，那位出家師父的身影，便隨著逐漸離開的人群消失在眼前。

那玉玲呢？她竟然就像遊魂一樣，失魂落魄、恍恍惚惚。往後幾天的行程裡，她經常不自主地想起那位出家師父的身影，那種眷戀、不捨的感覺，讓玉玲一想到他就會掉眼淚，但因為怕被別人看到，她只好偷偷地躲起來哭。

玉玲就這樣悄悄地哭了一個月，她說她終於忍不住來找我，因為她不想再這樣傷心偷哭地過日子，她想知道是什麼原因。

聽她說完，我卻笑了出來，因為當她在訴說這段際遇時，那中年婦人的表情竟有著十八歲少女的嬌羞。說笑歸說笑，我還是靜下心來請示文昌帝君，看看玉玲跟那位師父到底是怎麼回事。

我看到一個古時候的畫面，房間裡的病榻旁，王爺深情地握住躺在床上重病的妻子那雙孱弱的手，兩淚垂漣無法自已。

王爺鍾愛的妻子臥病在床，藥石罔效。就在她臨終之際，王爺對她許下了諾言，相約來世一定要再見面。這位王爺就是玉玲的前世，而前世裡王爺的妻子，就是這次在佛母洞前所遇見的那位出家師父。

其實，他們倆的緣分在前世裡就已經圓滿了。但是，臨終前的那個諾言，像一條看不見的線牽引著他們。縱使在這一世裡，一位是在台灣早已嫁做人妻的中年婦人，一位是在大陸出家修行的僧侶，卻會在這個時間點，在五臺山的佛母洞前，在不經意回眸的四目相對之下，在一個眼神交會的悸動當中，讓他們了卻了前世的諾言。

就這樣，因緣了結，各自回復各自的生活，而那份埋藏在意識深處裡的感動，只有他們自己心裡明白。這樣的情景，想來也是相當動人、淒美啊！

聽完我的述說，了解這段因緣之後，玉玲的心情就豁然開朗了，她有點不好意思地笑了出來。我想，她知道這輩子都不會再看見他了，但是，從現在開始她也不會再因此而傷心哭泣了。

很多情侶或夫妻正當濃情密意的時候，總會說些山盟海誓、此心不渝，或是來生還要再一起……之類的話。但隨著時間的流轉與變遷，愛情有可能產生變化，人也可能生離死別。而這些曾經許下的誓言或心願，就像一個個深深烙印的記號，牽引著彼此，直到來世……這到底是幸福呢？還是枷鎖？

不過，玉玲跟出家師父的這段故事，雖然結局略有遺憾，但是比起很多打罵吵鬧一輩子才分手的孽緣怨偶來說，也算是不圓滿中的圓滿了。

飄蕩的靈魂

風強雨落一瞬間，
生死茫茫問蒼天。
暗夜幽幽何所依，
孤星淚掛露水寒。

天下父母心，「望子成龍、望女成鳳」，是為人父母者心中最大的期待。今天下午，周先生夫婦帶著兩個女兒來到我的會客室。因為大女兒今年從大學畢業了，她不知道前程該如何規劃，是先就業、多一點社會經驗好呢？還是繼續念研究所？但又有點想出國留學……總之，三番兩次拿不定主意。周先生因此帶她來諮詢，想請示文昌帝君看看有什麼適當的建議。

由於女孩也沒什麼特別的計畫，請示完，我們就談一些興趣、專長、想法，甚至家長的管教方式……等等，一個小時就過去了。

周先生夫婦就讀大一的小女兒就坐在我的對面，一邊聊著天，我卻看見她背後有一道隱伏的身影。那個只有我看的到的「人」，是另一個女孩……

這時候，周先生開口說到，不知為何，小女兒的身體總是不太好，大病沒有但小毛病可不少，到處看醫生也看不好，很麻煩。

看著他小女兒那種清秀中帶著晦暗的氣色，我猜想是跟「祂」有關。我默默地用意念問祂：「祢是誰？為什麼要跟著她？」

出乎意料地，祂告訴我，祂是她的同學，已經過世的……

我接著問這位妹妹，妳是不是有個女同學已經過世了？跟妳交情還不錯？

沒想到話才說完，這妹妹的眼淚奪眶而出，頻頻點頭。這時，周先生夫婦跟大女兒一陣錯愕，搞不清楚是怎麼一回事。

我遞了張衛生紙給這位妹妹，她擦了擦眼淚，情緒緩和下來之後，告訴我們她知道是誰了。

她說她有一個交情還不錯的高中同學，住在高雄甲仙鄉的小林村。

就在莫拉克風災前幾天，她同學回家陪家人過父親節。沒想到，颱風帶來的強風豪雨造成土石流，竟然把小林村給淹沒了。不幸的是，她的同學跟家人也都因此罹難了。

聽到這裡，周先生夫婦頭皮一陣發麻、毛髮豎起，他們不知女兒身邊何時跟了個「陰的」？

這時候，空間之中幽幽傳來一個意念問我：「為什麼天下這麼大，卻沒有我能去的地方呢？」

短短的一句話讓人聽了感到鼻酸。

接著，我看見一個土堆掩埋的畫面，我想祂們的遺體應該都還埋在土裡沒有被尋獲。

我問這妹妹，妳同學全家是不是都罹難而且屍體也沒有被找到？妹妹點點頭說確實如此。

那麼情況很清楚了，當年莫拉克風災遇難過世的高中同學，其陰魂沒有個安定之處，只好跟著祂的同學來到我的會客室。

想來真的很可憐，女孩和全家人被無情的土石流掩埋，叫天不應，叫地不靈，就這麼死了。女孩和全家人在那臨死的當下，是多麼無助與驚慌啊！

我記得，當時政府跟一些宗教團體陸續有在小林村現場舉辦超渡法會。或許因為事過境遷，法會辦得少了，往生者得不到安定。或許是因為全家都死了，沒有親人為祂們立牌位祭拜，因而這幾年來，那幽怨孤獨的靈魂找不到一個遮風避雨之處，只能到處遊蕩。

或許是因緣成熟了，祂想到了祂的高中同學，只好跟著她。「神有神通，鬼有鬼通」，祂知道跟著她會有機會被發現，看看能否因此結束縹縹緲緲、孤苦無依的日子。

聽到這裡，周先生夫婦了解情況了，也對祂的處境深表同情。他們想知道如何才能幫助祂。

透過意念，我問祂，祢今天跟他們來到我的這裡，是希望我們如何幫助祢呢？祂以一股含蓄且略帶懇求的語氣告訴我，希望他們去廟裡請求觀世音菩薩超渡祂，幫助祂離開這個孤獨又無助的世界。

就在我轉達這個意思之後，周先生夫婦跟小女兒異口同聲地答應，表示下星期就會去廟裡祈求觀世音菩薩幫助祂，希望祂能夠安心地走吧。

沒多久，可能是祂的陰魂滿意地暫時離開了，我們這才覺得，會客室裡的冷氣好像沒有剛才那麼冷了。

半小時之後，周先生全家人起身準備離開了。看著他們的身影，又想到祂問我的那句話，我不免有些感觸。

祂今天因著這個機緣跟來了，還好周先生夫婦是有在拜拜並且相信鬼神的人，所以也願意幫祂處理，讓祂有機會可以獲得超渡。如果不是這樣的話，那可憐的靈魂不知道還要在陽世間遊蕩多久呢？

舊地重遊

（台語）風吹浮萍未了心，
因因果果現今生。
既得佛前清淨渡，
赦冤了怨無相誤。

時間過得真快，看著相本裡的照片，竟然不知不覺之中，四川旅遊已經是二〇一四年的事了。記得那一趟四川之旅，去了道教發源地「青城山」、儒家的聖地「七曲山」、文昌帝君大廟、傳說太上老君隱居的「青羊宮」，以及名列世界文化遺產、有千年歷史的佛教古蹟「樂山大佛」。

前五天的行程相當平順，在這些名山聖地的靈氣洗禮之下，團員們神清氣爽、談笑風生，盡情徜徉在山林美景之中。就在身心輕鬆愉悅的當下，我隱約記得未出國前，文昌帝君提醒過我，在「樂山大佛」這個地方，會有一段因緣等待我去了結。抱著隨順因緣的心態，我也就沒有特別放在心上。

俗話說，該來的總歸會來。就在準備去參拜「樂山大佛」的第六天清晨，果然就有事情發生了。

清晨四點多，我躺在飯店的床上睡得正酣，卻夢見自己就躺在飯店床上，房間的門突然被打開，一名女子領著一位婦人走進來。那個婦人面無表情地從右側走向我，靠近我……我躺在床上就這樣看著她們。只見她越走越近，越走越近，就在接近我不到十公分的距離，她突然伸出雙手打算掐我。

我驚嚇不已，睜大雙眼看著她。但這時候喉嚨卻叫不出聲，眼看著她就要掐住我的脖子了。說時遲那時快，突然之間，「阿彌陀佛、阿彌陀佛」的佛號竟然就從我的喉嚨中脫口而出。

我當下驚醒了，全身冷汗直流，趕緊看看四周。我還在飯店的房間裡，手機上的時間顯示：四點半。看到旁邊睡得正香甜的外子，我才恍然大悟：噢！原來是一場夢啊！

早上，外子一起床就問我：「妳昨天在說夢話喔？啊！啊！啊！叫得很大聲。」

我沒好氣地告訴他：「不是說夢話啦，是睡到一半突然有『人』走進來要掐我的脖子啦！你可睡得真熟，一動也不動，搞不好我被人拖走你還搞不清楚狀況。」

突然間，我似乎有所領悟了，自言自語地說著：「我前世曾經是武將，這是我那時誤殺之人，今天來找我了。看來，該來的躲不掉，這件事應該跟今天下午我們要去的樂山大佛有關。」

我有點神經大條地以為早上的事件已經過去。沒想到，在飯店用完早餐之後，領隊招呼大家準備出發，我卻突然感覺肚子一陣劇痛。趁著還沒上車，我趕緊跑回房間廁所解放一番。只是，這折磨才正要開始哩，坐車坐到中途，肚子發出咕咕的聲響，接著又開始翻攪，上沖下洗、左搓右揉的，可折騰死了。

才一個上午，我竟然連續拉了七次肚子，早上吃的早餐已經被馬桶沖到下水道去了。更慘的是，拉到最後只剩下稀稀水水，整個人虛脫無力。這時，景色再美也是無心遊覽了。

午後，遊覽的隊伍來到了樂山大佛。沿著山壁蜿蜒直上大佛頂端的階梯，至少有六、七百級，正常人要爬上去都很耗力氣，何況是經過腹瀉虛脫折磨的我？望著山頂，真是額頭冒汗、兩腳直發軟啊！

但是，我告訴自己，我千里迢迢來到了這邊，不管如何，一定要撐著爬上去！

導遊很用心地跟我們介紹：這樂山大佛是先有寺廟，後建大佛。山頂上有一間古廟「凌雲寺」，二千多年來，由於佛祖靈驗，寺廟香火鼎盛，遊人如織。

這時正當盛夏，氣溫熾熱。我撐著登山杖，在外子的攙扶之下，一步一步慢慢地爬著，早已頭暈目眩、上氣不接下氣，而且還臉色發白，冷汗直流。

我花了好久的時間，總算登上了山頂。豈料，就在準備踏進凌雲寺的廟門時，我的內心突然一陣悸動，感覺一股靈氣磁場降臨，全身就像是觸電一般，雙腳定在地上無法前進。這突如其來的狀況，讓我感到驚異無比。

等了二、三分鐘，待那陣靈氣磁場退去，我懷著疑惑的心情，朝著大殿走進去。

大殿裡，釋迦摩尼佛的法相莊嚴慈悲，帶給所有參拜的人一股安定的力量。就在我雙膝跪下向祂頂禮時，一個聲音響起：「戒塵……」祂竟然喚我「戒塵」

這個名字，我感到很好奇，就靜下心來請示佛祖。接著，佛祖便告訴我，我跟這裡的因緣。

佛祖說，我在前世裡是一名武將，十七歲從軍，到了二十六歲那一年，因為覺得自己殺業太重，因緣際會之下，來到了這裡。由於受到佛祖的感化，最後在這裡剃度出家。「戒塵」這個名字，便是我前世裡出家的法號。至於清晨來找我的那兩位「陰靈」，就是前世裡被我誤殺的無辜百姓，祂們的陰魂在這裡等了幾個世代，終於等到重新投胎後的我來到這裡，所以才會在清晨前來找我，要掐我的脖子報仇！所幸，在緊要關頭下，佛祖及時出手化解了我的危難。

聽到佛祖講述前因後果，我真是百感交集，不知該說什麼才好。最後，我捧起筊杯誠心地祈求佛祖慈悲，在這個地方渡化祂們，了結我跟祂們之間的因緣。接著，叩、叩、叩，連續擲出三個聖筊，事情終於能夠獲得圓滿解決。

下午五點多，走出凌雲寺的大殿，抬頭看見那天空中形狀渾圓，顏色如蛋黃般的夕陽，感覺格外溫暖。微風吹來，我感覺神清氣爽、如釋重負，一整天的身體不適感已經全然消失了！

人的一生真的都在舊地重遊，而前世裡所造成的因果業報，也會在舊地重遊的時候清算了結。由於前世的冤親債主會在那裡等待討冤報仇，因而有些人外出旅遊或到異地時就會發生水土不服、生病、車禍受傷，嚴重的甚至客死異鄉……等等，這些意外事件，其實大都是有前因的。

俗語說：「善惡到頭終有報，不是不報，只是時候未到。」不管事情隔了幾個世代，不管是人是鬼，只要還沒有了結，在時機成熟的時候，終究會找上門的！

陣前的背叛

紛飛紙片滿天星，
舊影撲朔擾心情。
一朝過往不著痕，
得心自在度人生。

春華是一間公司的經理人，也是個不折不扣的女強人。她的外表柔和、處世圓融，做起事來的衝勁與耐力都勝過許多男性，真可謂「巾幗不讓鬚眉」！

這一天，她透過朋友跟我預約時間，說是有事情想要諮詢。我有些訝異，因為她給我的感覺是諸事平順的人生勝利組，難道最近碰到什麼難題嗎？

我在朋友的家裡等她，沒多久，見她迎面走來，神情憔悴、一臉疲憊，光彩不如從前。坐下沒一會，她慢慢把最近的遭遇告訴我。說著說著，竟然就哭了起來。顯然這件事對她的衝擊很大，也讓她承受很多壓力。

由於二十年來，春華在職場上表現相當出色，她所帶領的團隊屢屢在公司業績競賽當中獲勝，使得春華一直以來，不僅是老闆眼前的紅人，也成為同行想要挖角和延攬的對象。

去年，春華的工作項目因為公司改組而有些許異動。此時，恰好有一家同行公司的高層，透過關係想要遊說春華帶著她的團隊集體跳槽到那家公司去。由於對方開出的條件極其禮遇、優厚，讓春華有些動心，那些跟著春華十幾年的核心部屬們，也都知道此事，甚至躍躍欲試，期待跟隨春華到這家新公司去大展身手。

這些部屬之中，素秋夫婦表現得最為積極。十幾年來，春華對素秋愛護有加，因為體恤素秋的家境不好，又是二度就業，在相對競爭的環境當中，做得很吃力，也很辛苦，所以，春華有好吃的、好用的都會先想到素秋。甚至為了改善她的經濟，還常常把自己的業績掛在素秋名下，好讓她多領些獎金。而這些點點滴滴，素秋理應要相當感激才對。

要不要跳槽的問題，實在困擾春華一段時間了。最後，在考量老東家的提攜照護之恩，還有顧慮到幾個無法一起跟著跳槽的部屬，她終於做出了決定。

這天，她召集幾個核心部屬，語重心長地告知他們：「我考慮了很久，決定要留下來，和公司、和大家一同打拚。」

「為什麼？妳為什麼決定不跳槽了，這樣不是妨害我們往後的生路嗎？妳怎麼可以這樣？太自私了！」出乎意料的，素秋和她先生竟然當眾暴走，而且如此不滿，讓春華相當震驚！

豈知，事情還沒完呢！接下來的發展，更是讓春華無力招架。因為春華已經回絕那家公司的延攬。素秋夫婦開始對春華惡言相向，言語間多是譏諷、指責。或許，素秋夫婦的盤算是，如果可以跟隨春華換到新公司，那麼他們夫妻倆的薪資也會跟著水漲船高，發展空間更大。

現在，春華的決定等於粉碎了他們的夢想。他們從無法諒解到憎恨辱罵，這些行為和反應就像瞬間把春華打入十八層地獄一般，讓她感到錯愕與難堪，她無法理解，十幾年的好姊妹怎麼會變成這樣？

半個月下來，她只要想到這件事就哭，「我真的想不通，這到底是為什麼？妳可以告訴我嗎？」她一邊啜泣一邊問我。

放下手上的茶，我靜下來，拿著她們的資料，請示文昌帝君。不一會兒，映入眼前的，是古代兩國軍隊在沙場交戰的畫面。當時塵沙漫漫，戰鼓震天，雙方人馬戰得昏天暗地。最後，穿金色戰袍將領的這一方，獲得了壓倒性的勝利。

接下來的畫面轉到一處花園。小橋流水，美酒佳餚，金銀財寶放滿四周……這是怎麼一回事？

原來，打勝仗的將軍的愛妾受到敵方籠絡，設飯局安排敵方派來的使者參加，並慫恿這位將軍倒戈。原本將軍還大聲斥責，作勢要趕人。哪知道幾杯黃湯下肚之後，將軍在美色與金銀財寶的驅使之下，終於陣前倒戈，歸順了敵方。最後，留下一批被拋棄，錯愕、不知如何是好的屬下。

時間拉回到現在，春華就是那一世的將軍，而素秋，就是那時被將軍背棄的部屬之一。這起外商公司來挖角的事件，就在這個時間點把她們之間的因果連接上，並且發作了。

當我轉述這起因果事件的過程後，春華和在場的人，莫不嘖嘖稱奇，因為她們現在的情形，簡直就是前世的翻版嘛。

由於春華已經被騷擾恐嚇得不知如何是好，她惶恐不安，擔心會有人身安全的威脅，甚至想要提早退休、搬家，來遠離這場是非。

感應當中，我發現一件很微妙的事，就是縱使春華對待素秋比親姊妹還要好，素秋的心裡卻覺得只是剛好而已，也就是沒有感激之意。有趣的是，當我告訴春華時，她竟點頭說確實如此，她有時候也會感到很不值得，或許這就是她們之間前世因果所造成的吧！

她很焦急地問我，她到底需不需要搬家？我安慰她，叫她別擔心，這種因果的作用時間過了就好，也不會有生命危險的。

後來，春華聽了我的建議，寬容面對素秋夫婦的無理行為，也不要因此起嗔恨心和做任何回應，這樣才能善了和素秋夫婦之間的前世因果。同時她也積極地行善布施，還去報名參加了幾場佛教的法會。

半年多過去了，我在某個聚會中巧遇春華，看到她神采奕奕，春風滿面。她說她照我的話去做，心情平靜了很多，也原諒素秋夫婦的行為，不跟他們計較。果真，一、二個月以後，素秋夫婦突然就沒再出現騷擾她了，而她在心裡還是暗自祝福他們能順利發展。

一場原本可能引起軒然大波的事件，就在春華的努力下，終於煙消雲散了！

周轉的人生

周轉紅塵一場空，
青面獠牙站兩旁。
若得佛前渡苦難，
安然自在歸仙鄉。

阿傑走了。在他四十幾年的人生裡，有著太多的折磨與顛簸，也帶給他的家人萬般不捨與惋惜。但是，對阿傑而言，他卻認為自己陽世的因緣已經了結，是相當圓滿自在的！

這是一篇很長很長的故事，要從十幾年開始說起。

十幾年前，在外商公司工作的阿傑，年紀還不到三十歲，但由於做事認真負責，所以很受公司的器重，前程看來一片美好。

但人生的事情總是很難預測，天生具有靈異體質的阿傑，「感覺」能力比一般人敏銳，偶爾會接收到另一空間的訊息。這種情形雖然有些困擾，但也還算相安無事。直到十年前，阿傑被外派到國外工作，竟然就在國外因為精神疾患而被迫回到台灣。從那個時候開始，阿傑便經常精神恍惚導致無法正常工作。為了治療他的疾病，他的家人帶著他四處求醫，甚至去求神問卜，但阿傑總是狀況百出，而且病情時好時壞。

宏仁是阿傑的哥哥，為了弟弟的病情困擾了很多年。宏仁曾經來找我，他希望找出阿傑是否有外靈介入才會導致無法正常生活。我記得當時文昌帝君指示的詩偈中提到，阿傑的過去世是一位出家人，因而這輩子變成了敏感體質，也因為敏感體質很容易受到靈界的干擾。那時他身上卡了幾條外靈，因此精神萎靡、混混沌沌，有時都不知道自己是誰。

去年，阿傑的狀況又不穩定了。由於台中聖華慈惠堂的堂主楊老師是一位堪輿師也是位陰陽家，宏仁便想請楊老師到家裡看看是否陽宅有問題影響到阿傑的身體。但是，也不知怎地，或許是因緣沒有俱足，老是陰錯陽差約不成而作罷。

但阿傑的情況卻是變本加厲，日益嚴重。最近，阿傑因為精神異常亢奮，連續幾天都沒有睡覺，就連醫生開給他的安眠藥也發揮不了作用。

這日，宏仁連續兩天都夢見有人跳樓。他慌慌張張地打了電話給我，希望趕緊幫忙安排楊老師到他家看陽宅風水的時間。

怎知，靈界傳遞消息的速度遠超乎我們的想像，就在我們要去宏仁家的前一天上午，阿傑突然出事了！

那天早上，阿傑驚慌地告訴宏仁：「我嘜緊來走，ㄚ無，明天有人ㄟ來嘎我抓去……」因為阿傑失控的言行不是第一次了，宏仁也就沒放在心上，只是叫他不要胡思亂想。沒想到，一小時之後，阿傑竟然真的跳樓了！

身材高大壯碩的阿傑，從五樓一躍而下，先勾到電線，再撞到停放在路旁的車子，然後掉在地上。他兩眼發直地瞪著天空，沒有外傷，但肋骨全斷、內臟碎裂。

當我接到宏仁的電話時，驚訝地說不出話來。宏仁告訴我，阿傑到院前血壓、心跳曾經一度停止，雖然緊急開刀暫時搶救回來，但醫生也表示接下來的幾天是危險期，傷勢看來極不樂觀，這突如其來的狀況把他的家人嚇得驚慌失措。

我問宏仁是否要取消楊老師的行程？但宏仁表示，因為加護病房每天只有兩個時段可以探病，他們就算整天留在醫院等待也無計可施。所以，還是希望請楊老師如期到他家一趟，他們想找出阿傑跳樓的原因，以及祈求出現奇蹟能夠救救他！

從小到大，我也看過不少恐怖電影，縱使導演拍得多生動、影音效果如何驚心動魄、恐怖駭人……我們還是知道那只是電影，不是真實人生。

但是，這一天，在阿傑家所看到的場面著實令人震撼驚悚！我們搭乘電梯上樓，當電梯門一打開時，突然有股強大的磁場壓向我們。瞬間，我看見房子裡頭「人影幢幢」，那寒冷壓迫的磁場讓人幾乎快要窒息！

楊老師進門之後直接走向阿傑的房間，一會兒，房內傳來了楊老師與靈界溝通的聲音。剛開始，祂們的態度很強硬，表示當天一定要把阿傑帶走。後來文昌帝君降乩，透過楊老師與靈界協調，十幾分鐘後，祂們終於同意先留阿傑一條生路，但要看阿傑後續到底如何解決跟祂們之間的恩怨。

當天半夜，約莫兩點多，我還在睡夢中，阿傑的冤親債主來了。我看見自己站在五樓，而一樓有一個金色微捲短髮、穿著黑灰色風衣的外國人，對著我招手，示意我往下跳。接著，我又看見約莫在十九世紀初，在一幢很舊很舊，很像是圖書館或博物館之類的建築物裡面，有一群人在地上一邊爬一邊哀號哭喊。

原來，這一群人是被前世的阿傑跟他的同夥凌虐死的。當真是有冤報冤、有仇報仇，所以當該清算的時間點到來，阿傑被公司外派出國，到了國外以後，就因為冤親債主纏身而得了精神疾患。這時候我才明白，為什麼祂們的怨恨會這麼巨大，大到要趕在我們去的前一天讓他跳樓自殺，來了結他們之間的仇怨。

就在阿傑的冤親債主離開不到半小時，我看到一張清秀又無助的臉龐默默無言地望著我，原來是躺在加護病房的阿傑的本靈，竟然來向我求救。隔天，因為阿傑出現敗血症，始終查不出原因，他的家人趕忙去台中廟裡請仙佛做主，先點派一些金紙蓮花，為阿傑的冤親債主做個暫時的安置；說也奇怪，當天晚上阿傑的敗血症竟順利地控制住了。兩個星期之後，奇蹟出現了，阿傑所面臨的一次次難關都能安然度過，情況總算是逐漸穩定下來。又過了幾天，阿傑便離開加護病房轉到普通病房去了。

某一天，我開車要前往鳳山赴約，開著開著，突然間開始頭痛，由於頭痛劇烈，痛得我無法繼續開車，我便硬撐著把車緩緩開到路邊停下來。就在我停好車閉眼休息的當下，發生了奇異的事情。我看見幾個穿著白色短裙、白色馬靴的女郎在演奏著樂器。

咦？這不就是叫做「西嘍米」的送葬隊伍嗎？緊接著下一個畫面是靈堂，而靈堂的中間掛了一幅照片。我瞇著眼睛，仔細地看著那張照片。突然之間，我渾身毛骨悚然，因為，那竟然……竟然是我自己的相片。

原來，是阿傑的冤親債主找上我。祂們認為，既然阿傑已經脫離了險境，卻沒有來了結他們之間的恩怨，只好轉來找我討公道。我這情況不就是「公親變事主」了嗎？我趕緊打電話給宏仁，請他抽空盡快去台中廟裡處理。就這樣，這段期間，宏仁總共三次到廟裡，請神明為阿傑護持。

二個月以後，阿傑終於出院了，但是他對於自己身上為何有開刀留下來的巨大疤痕覺得不解，或許是這十幾年來，借住他軀體的「室友」已經離開，所以他根本不記得發生了什麼事。十幾年的歷程彷彿做了一場夢，他的家人告訴我，現在這個才是生病以前的阿傑。

在阿傑身上，我們看見了不可置信的奇蹟。尤其是阿傑能死裡逃生，重新展開新的生活，我們都覺得很感動，也希望阿傑從此以後，能夠平安順利地過日子。

可是，人生的劇本似乎早就已經寫好，總是無法盡如人意。

經過一場生死劫難的阿傑，著實過了兩、三年平靜安穩的生活。但是，讓宏仁一家人萬萬想不到的事情還是發生了。

這一天，宏仁找我聊天時，說到一星期前，阿傑出了車禍，但看來沒什麼大礙，所以沒去醫院就醫。但是，連續六、七天都沒看到阿傑了，覺得好像怪怪的。

我問他怎麼沒去阿傑的住處找他呢？宏仁說：「有啊！我去了兩、三次。可是按電鈴也不來開門，打手機也沒人接，但是屋內音樂放得很大聲，因為阿傑以前也常常會這樣，我猜他是不想被人打擾，我就走了。」

聽到宏仁這樣說，我告訴他應該請鎖匠去開鎖確認一下阿傑的情況。

到了晚上七點多，我的手機鈴聲響起，是宏仁打來的電話，他急促又不安地告訴我，阿傑死掉了。天啊！中午的談話內容，言猶在耳，如今卻傳來阿傑的噩耗，我頓時覺得訝然！

電話裡，宏仁的語氣充滿自責，他說阿傑因為車禍受了內傷，外表看起來卻沒什麼異狀，所以兄弟們也就沒帶他去看醫生。沒想到，獨居的阿傑竟然吐血死在房子裡。我一邊安慰宏仁，還是不忘提醒他，如果這陣子寺廟有法會的話盡量幫阿傑報名，讓他不要罣礙，早日回歸極樂。

當天晚上十一點多，結束了一天的忙碌，我躺在床上正準備睡覺。怎知，闔上眼睛的眼皮，卻像是電影的螢幕一樣，開始出現畫面……

那是約莫一九六〇年代的美國，我看到宏仁穿著美國空軍的服裝，駕著飛機在藍天中飛行，看來真是英氣十足。看著看著，我察覺房間的氛圍越來越詭異，似乎是有「人」來了。

是阿傑！再次查對一下，還真的是阿傑！為了怕睡在旁邊的小孩受到干擾，我索性拿起手機躡手躡腳地走到客廳，在沙發上坐下來。

「我在我哥旁邊走來走去，看到他那麼傷心，我卻不知道該怎麼跟他說，於是就想到了妳。」

阿傑娓娓道來祂的用意，我便拿起手機直接寫在 Line 上面。

祂說，前世裡宏仁在七歲的時候父母雙亡成了孤兒，後來被祂家收養。祂比宏仁大九歲，全家都對待宏仁很好，感情融洽得像家人一樣。長大以後，祂跟宏仁都當上美軍的飛行員，經常一同出任務，一起駕飛機翱翔天際。前世裡，宏仁為了感謝祂的照顧與愛護，經常對祂說一定要好好報答祂的恩情。所以，因緣流轉到了這輩子，祂變成了宏仁的弟弟；祂後來又因為精神疾患無法正常生活，十幾年來，為了照顧祂，宏仁把退休金跟積蓄花費殆盡，這些個點點滴滴，阿傑說祂都感念在心。

聽到這裡，我想到這輩子宏仁跟沒有發病以前的阿傑都是在美商公司上班，而且他們經常坐飛機去美國出差，原來職業跟前世也是有必然關聯的。

阿傑說：「我本是慈航大士（觀世音菩薩）身邊的行者，因犯故下凡歷劫，如今災消難滿得以回天，雖然死狀不太好看，但我可是自在得很！至於法會嘛……要多報幾場也無所謂，但是不要鋪張，記得要放幾朵百合花，我喜歡那花的香味。」我愣了一下，原來我晚上提醒宏仁幫祂多報幾場法會的事祂都知道啊！

接著，阿傑又說：「轉告我的家人別再傷心了！我要走嘍，大家各奔前程吧！」交代完，祂就走了。這時候，客廳裡凝結的空氣，感覺好像回溫了。

我立即把完整記錄的這一段話，傳給了宏仁。

宏仁看見我用 Line 傳給他的話，他頓時紅了眼眶、激動不已。他說：「阿傑從小就跟觀世音菩薩很有緣，長大以後，皮夾裡都放著菩薩的照片。就連死的時候，也是倒在掛著觀世音菩薩神像的牆壁下面。」

宏仁說，他們家的花瓶裡經常插著百合花，因為阿傑最喜歡百合花。而當宏仁看見我傳的「大家各奔前程吧！」這幾個字時，他積壓的情緒瞬間潰堤，眼淚奪眶而出。他說，阿傑每次來找他，當要離開的時候，都會說：「我要走嘍，大家各奔前程吧！」

這時候的宏仁，已經哭得唏哩嘩啦、無法言語了……

當我把話傳完時已經接近午夜十二點了，落地窗外面，漆黑的夜色裡，看不到星星，但點綴著一個個金黃色的燈火。我坐在客廳沙發，心情很複雜，無法形容是什麼樣的感覺。我想，應該是對於人世間的生死有了不同的體會。

宏仁很傷心阿傑才四十歲就走完他的人生，而禮儀公司的人在整理阿傑的大體時，也叨念著說：「還這麼年輕，不該走得這麼早……」這些話聽在宏仁的耳朵裡，句句都像針一樣刺在他的心上，除了難受，更加深了他的自責跟傷痛！

或許，阿傑當時看到在祂的大體旁邊傷心不已的宏仁，祂心想這樣也不是辦法，於是，就想到來找我轉達給宏仁，讓宏仁知道其實祂很安詳自在！阿傑是想要宏仁放下，不要再那麼悲傷了。

阿傑的一生雖然是劃下了句點，但是卻帶給我們很多啟示。

阿傑在世的時候，個性單純而且心地善良，每次看見路邊的乞丐或是可憐的人，他都會把身上的零錢掏出來布施。雖然他的一生充滿了波折與不幸，但是他卻絲毫沒有抱怨跟不平，甚至在生命終了的時候，還是相當的灑脫自在！

這對照在社會上那些總是憤世嫉俗、自怨自艾的人來說，阿傑顯然自在豁然多了。套句阿傑說的話，祂如今是災消難滿，得以回天，快樂的很。我想，每個人來到這個世間，都是有必修的功課，只是，能不能修的完而已。現在的阿傑，應該正站在觀世音菩薩旁邊，開心地微笑呢！

欠債還錢

（台語）一錢五銀來相欠，
時到時還未走閃。
神人之間好講話，
前世今生來計算。

這篇文章所寫的事件，要從幾年前的一個夢境談起。睡夢中，我在一座神殿遊走。神殿很大，地上三層，地下有好幾層。我沿著通道往下走。通道的兩側，有一尊尊的金色佛像排列。

通道的盡頭，是一座宮殿。宮殿的正中央，有一尊金碧輝煌的佛像，那佛像閃耀著金光，我好奇地走近一看，是「四面佛」。

「四面佛」源自印度教、婆羅門教，是三主神之一的梵天，所以亦稱為「大梵天王」，乃創造宇宙之神；在佛教經典中，則是請釋迦牟尼住世說法的護法天神。在泰國信仰中，則是財富之神，也會保護信徒的平安。

清晨醒來後，我覺得夢境清晰而且真實。四面佛在台灣有不少分靈，想必大家對祂並不陌生，但似乎跟我沒有什麼特別的因緣吧，所以也就不把這件事放在心上。

幾個月前的某次打坐當中，又出現四面佛的身影，雖然覺得怪怪的，但由於經常有神靈來照會，我也不以為意，日子一忙就再度忘記了。

這一天，正逢農曆初二，照例我來到住家附近的寺廟拜拜。豈知，在香煙裊裊的虛空中，又看到了四面佛。我覺得這件事好像有點奇異，隔兩天，便向文昌帝君請示這件事，帝君說，你跟四面佛有因緣要了，去一趟看看吧。

既然帝君提點了，我便上網谷歌了一下，發現台灣最早也最大的供奉四面佛的寺廟在彰化，好像有幾十年的歷史。就這樣，我找了一個週間的早上，在友人的陪同之下造訪這座位於彰化的四面佛寺。

從彰化市區出發，順著衛星導航的指引，車子從狹小的巷道彎進了上坡的小路，十來分鐘就抵達這座四面佛寺。

佛寺的腹地還算寬廣，沿路花木扶疏，曲徑清幽，很難想像在距離市區這麼近的地方會有一間佛寺。我們向櫃檯的志工詢問了一下朝拜的禮節規定，志工聽到我們是第一次來這裡，便很熱心地跟我們說明：「四面佛掌管人間所有事情，四個面分別代表了事業、感情、財富，以及健康，朝拜的時候要以順時針的方向依次序祭拜。」

除了志工上述的說法。關於四面佛掌管的事物另有一說：「四面佛的四面也代表著慈、悲、喜、捨四種意思。」而網路上關於四面佛神奇的事蹟可多著呢！據說四面佛喜歡的花有蘭花、玫瑰跟萬壽菊，所以，在泰國，信徒通常也用這三種花去敬拜。當願望真的實現時，信眾最常承諾用七色花、木雕大象……等來還願，答謝四面佛的保佑。

聽志工介紹完，我們就準備開始依序朝拜。只是，當我站在佛像前面時，突然一個訊息傳來：「欠債還錢，天經地義。」

蝦咪！欠債還錢？我愣了半响，是我欠四面佛錢嗎？我在心裡頭嘀咕著：祢是神，我是人，我怎麼可能欠祢錢呢？

由於四面佛有四個面，我便開始找尋是哪一面告訴我的，當我走到代表財富的這一面時，終於有了解答。

四面佛告訴我，當年祂初到人間弘法的時候，我替祂掌管廟裡的事務，當然也包括管理信徒捐給寺廟的善款。某日，我因為家中孩童生病急需一筆醫藥費，在四處求助無門的情形下，只好向四面佛商借，並且承諾日後一定歸還。只是，萬萬沒有想到，那一世直到臨終之前，我都沒有歸還這筆醫藥費。

聽到這裡，我訝異得不得了！我趕忙拿起神像前面的筊杯，想要擲筊確認。沒想到，筊杯擲在地上，鏗鏘有力地叩、叩、叩，連續三個聖杯，我想，四面佛可能想說：「我已經跟你講得這麼清楚了，你還懷疑個什麼啊！」

這可怎麼辦？欠了幾世紀的錢，如果加計利息算起來，豈不是天文數字了。那我……我要拿什麼來還啊？

抱著忐忑不安的心，我請示了四面佛：「您大人不計小人過，當時弟子沒能把錢清償，肯定是有困難，請您指點一下弟子，要如何才能結清這筆舊帳啊？」

神明不愧是神明，真的很慈悲！四面佛指示我，向櫃檯請購一隻木雕的大象來償還即可。而且，也沒有加計利息指定要用大隻的。有了明確的指示，我當然馬上遵照辦理了。

我用簽字筆在木雕大象的腳上寫下名字，然後恭敬地供奉在神桌上，虔誠地禮拜，感謝四面佛慈悲，讓我可以順利圓滿地了償這筆債務。

或許有人會覺得奇怪，既然神明慈悲，為什麼還要來催討欠款，不直接一筆勾銷就好呢？

千萬別誤會了！不是神明要向我討債，而是因為神明的錢是來自十方信眾的捐輸，而我那一世借用的錢也是如此，等於欠的是十方信眾的錢，那當然一定要償還！

這時，陸續有信徒前來寺廟參拜。看著晴空白雲，我的心裡頭一陣輕鬆，因為，欠人的錢要還，欠神明或十方信眾的錢，縱然過了幾世紀還是要償還的。

因為，欠債還錢，本來就是天經地義的事啊！

今天承蒙文昌帝君的提醒，讓我有機會來清償前世的欠款，還好神明慈悲沒有給我加計利息，不然連本帶利欠了幾世紀，這算起來只怕幾輩子也還不完啊！

浸豬籠的遺恨

（台語）幽情煙絲欲斷，
牽連前世恩怨。
雙人共度相伴，
卻是總難言傳。

郁秀病了好幾年。因為精神官能障礙加上憂鬱症跟脊椎疾患，讓她沒有辦法正常上班，只得離開職場在家休息。今天，她的先生阿吉帶她來到廟裡，希望能找到幫助郁秀的方法。

一如阿吉在信件裡些微透露的狀況，眼前的郁秀看起來虛弱不堪，無精打采，走路需要人攙扶，說話時氣若游絲。

我看了她的資料，感應了一下。我問她，何以從小開始就必須一肩挑起如此沉重的責任？過著戰戰兢兢、彷彿朝不保夕的日子？郁秀凹陷的眼眶瞬間泛淚，頻頻點頭，她知道終於有人懂她了。

她告訴我，她是家中的長女，八歲時母親離家，因此她必須扛起照顧弟妹的責任，這樣的成長過程，讓她總是有著無比的壓力。

就在聽她述說的同時，我察見郁秀孱弱的身軀背後，隱伏了一男一女的陰影。我靜下心來請示文昌帝君，試圖找出祂們跟隨郁秀的緣由。

時光回到了郁秀的前世。

一群村民圍在河邊鼓譟、喧嘩，清澈見底的河水裡，有一對男女被關在竹籠裡呼喊掙扎，他們使盡全身的力氣都無法掙脫。眼看著河水就要淹到他們的脖子了。可奇怪的是，任憑他們怎麼呼叫、哀號，圍觀的村民都沒有伸出援手來解救他們。他們死命地哭喊著敲打竹籠，但是喊得越大聲，河岸上的村民反而咆哮、辱罵得更大聲。

不一會兒，這對男女原本淒厲的呼喊聲沒了，掙扎的身體也不動了。只見那兩個困在竹籠裡的人在河水裡載浮載沉……

村民們見狀卻還悻悻然地嘲諷：「給他們死、給他們死好啦……」、「不要臉，死得好，死有餘辜啦！」

原本晴朗的天空，不知何時飄來烏雲遮蔽了太陽，天色頓時陰暗了起來。風蕭蕭地吹著，最後，鼓譟的人群散去，只留下浮在水面的兩具屍體，以及在屍體旁邊驚慌、怨恨的兩條陰魂。

這對男女當時所遭受的對待，叫做「浸豬籠」，是古時候對於婚姻外遇的「小三」跟「小王」的懲罰。但是，這跟郁秀又有什麼關聯呢？

那要講到前世裡的事了。前世裡的郁秀出身世家，從小家教甚嚴，她的個性是非分明，很有責任感，但是疑心病很重。

當郁秀正值雙十年華之際，她嫁到陳家莊來，成為一戶人家的長媳。俗話說：「長嫂如母。」表示長嫂在家庭裡的地位跟責任像母親一樣。由於郁秀的丈夫跟小叔長年在外地做生意，年節才會返家，郁秀既要侍奉公婆又要操持家務，更肩負起一家十幾口人的照顧之責，著實一點也不輕鬆。但她總是盡心盡力，一點也不含糊，是個街坊鄰居稱讚的好媳婦。

家族裡，郁秀的小叔新婚不過數月就隨兄長離家做生意。不知是出身世家的郁秀對於家境清寒的小嬸有所排擠，還是因為忌妒小嬸貌美又年輕，總之，這對妯娌總是無法相處融洽，衝突不斷。

小嬸有一個同鄉的鄰居哥哥就住在街坊附近，基於同鄉的關係偶爾會來家裡串門子。這鄰居哥哥跟小嬸之間的互動倒也算平常，但不知怎地，看在郁秀的眼裡，就是怎麼看怎麼不對勁。郁秀老是覺得小嬸像隻花蝴蝶，行為不安分。

這日，郁秀上街採買雜貨，不巧卻撞見小嬸跟那鄰居哥哥一起從街角的店家走出來，還有說有笑。那小嬸驚見郁秀走來，卻匆匆躲避，惹得郁秀怒火中燒，追上前去，不分青紅皂白，啪地一巴掌就打在小嬸臉上。郁秀這突如其來的舉動，嚇得小嬸滿臉通紅、掩面哭泣。

這樣的吵鬧引起街坊鄰居圍觀，郁秀當街指責小嬸不守婦道，與他人有染，敗壞門風……旁人聽到這些指控，也跟著你一言我一語，對小嬸和鄰居哥哥指指點點。在眾人三姑六婆般嘰嘰喳喳的數落聲助長之下，場面混亂火爆，郁秀索性把平時妯娌相處不睦的怨氣也順勢發洩出來。

由於當時社會民風守舊，尤其重視貞節觀念，導致這起事件越演越烈，一發不可收拾。就這樣，在村民的吆喝討伐之下，那怒氣沖沖的郁秀加上義憤填膺的村民，竟然動用私刑，將兩人綑綁起來，抬到了河邊「浸豬籠」。

或許原本大家只是要給兩人教訓，怎料一時群情激憤，懲罰過了頭，那兩個可憐人就這樣連辯解的機會都沒有就被活活淹死了。

看到了這裡，我終於知道何以郁秀背後會跟隨這一男一女兩條陰魂了。

當時被誤會的這兩個人，百口莫辯、驚慌失措，祂們驚恐無助地被關進竹籠丟入河裡頭淹死，那死時的怨恨，使得祂們穿梭在陽世裡尋尋覓覓，終於找到已經重新投胎的郁秀。祂們想要報復，想要討一個公道。

我告訴郁秀，約莫三、四年前，祂們找到她以後就開始貼身跟隨。不明就裡的郁秀因為脊椎疾患痛苦，又莫名地恐慌無助、鬱鬱寡歡，全身都不對勁。再加上她的個性好勝心強，自我要求過高，情緒與壓力無法獲得調理舒緩，造成對自己身心的折磨太大……經年累月下來，最後就變成眼前看到的頹喪、萎靡模樣了。

聽我說完以後，郁秀頻頻點頭，承認自己個性確實是如此。她嘆了一口氣，彷彿陷入絕境，不知如何是好。

解鈴還須繫鈴人，這兩條陰魂的怨氣不消，郁秀的身心狀況要好轉恐怕很難。

我請她真心向祂們表示懺悔，並虔誠地向仙佛祈求，祈求仙佛慈悲出面調解，讓這起糾纏兩輩子的恩怨能得到化解，畢竟冤冤相報何時了，這樣懷著怒氣貼身報復，既是痛苦，也延宕了祂們投胎的機會。

幾分鐘過去了，或許是郁秀的誠心打動了祂們，最後祂們願意放下仇怨，在仙佛的渡化之下離開郁秀，到仙鄉去修行。看到這裡，郁秀愁苦的臉龐終於放鬆下來。

我告訴郁秀，陰靈的問題是解決了，但還有心理問題呢。希望她能修正想法，凡事樂觀一點、多看正面，把心裡莫名的執著與負擔拋下，給自己一些空間喘息，這樣才有機會重拾健康平靜的生活。

阿吉扶著郁秀點頭道謝後離開了。真所謂「心病還須心藥醫」，人會生病經常都是因為心裡的負擔沒有放下，以至於當因果業力來臨時，才會演變成身心長期的折磨與痛苦。而且，這樣不僅自己受苦，也連帶影響到家人的相處跟和樂。

經歷這個事件，希望郁秀能真正調整思維、保持正念並且放下負擔，也祝福她能苦盡甘來，早日恢復健康與平靜的生活。

三世因果

（台語）穿雲破霧來飛行，
積怨三世怨如天。
原啟來時相欠債，
有仇報仇難走閃。

旺嫂偕同她的親戚來到我的會客室，愁容滿面的她，正因為媳婦的身體問題困擾得不知如何是好！

透過感應，我察覺旺嫂的媳婦正受到憂鬱症的困擾，而且全身上下都不對勁，人也一點生氣都沒有。

旺嫂頻頻點頭說，因為她媳婦身體不舒服影響情緒，陰晴不定的脾氣導致跟兒子的相處也出現問題，夫妻倆一天到晚吵吵鬧鬧的。她看在眼裡實在很擔心，所以才拜託親戚帶她來請示。

我靜下來請示文昌帝君，想要找出困住她媳婦的原因。果不其然，她媳婦的背後有著一股陰寒之氣，對於我的探查，那個隱身在旺嫂媳婦背後的「祂」也查覺到了。祂的態度還算客氣，隔著空間，告訴我祂跟旺嫂的媳婦之間的三世仇怨。

話說幾個世代以前，農村裡有一對兄弟，在那個物資貧瘠、社會動蕩的時代裡，一般人的生活都很窮困、辛勞。但兄弟倆靠著父母親留下來的一點房產，加上勤勞務實、克勤克儉，日子過得也還算平順，起碼衣食不差，還偶爾可以有些娛樂。

不料，幾年之後，哥哥突然得了重病，最後一病不起。臨終之前，將唯一的兒子託付給弟弟，請弟弟代為照顧。交代完，哥哥就撒手而去了。

辦完了哥哥的後事，弟弟便謹遵哥哥的遺願，把唯一的侄子帶在身邊一起生活。往後的日子，侄子吃的、用的、穿的，都是叔叔在打理，叔叔對侄子視如己出，照顧得無微不至。

時光飛逝，幾年過去了，侄子長大成人，卻好逸惡勞、不事生產，整天只知道貪歡享樂。

侄子見叔叔經營物業略有所成，家產日益豐厚，卻不思自小受到叔叔的恩惠才能過安穩生活，竟然興起歹念，假借別人之手，設計陷害了叔叔。最後，叔叔慘遭誣陷而死，臨死前還不明就裡，不知道自己就是被眼前這個親侄子所害。

這是兩人產生恩怨糾葛的第一世。那一世往生之後的這兩個人，在因緣輾轉變化之下，來到了下一世……

樸實好心的叔叔投生到一個富貴人家，是村子裡陳員外家的掌上明珠，從小就受到家人的悉心呵護。而好逸惡勞的侄子，則投生到貧寒的農家，十幾歲就被賣到陳員外家裡做丫鬟，負責伺候大小姐的生活起居。

由於年紀相仿，所以大小姐跟丫鬟從小玩在一起。這位大小姐雖然是千金之軀，但知書達禮又溫柔賢淑，絲毫沒有大小姐的脾氣，對待一起長大的丫鬟也是情同姊妹，有好吃好玩的都會跟丫鬟分享。

時光荏苒，轉眼大小姐已經二八年華，由於出身豪門加上姿色出眾，上門說親的媒人可說是絡繹不絕。最後，在陳員外夫妻的精挑細選之下，千金大小姐嫁給了兵部尚書的公子。理所當然的，大小姐的貼身丫鬟就當作陪嫁，一同到尚書府邸去過優渥的生活。

話說，尚書的公子不僅一表人才，而且學富五車、才高八斗，對待新進門的夫人相當的溫柔體貼，真可謂才子佳人、琴瑟和鳴，羨煞周遭親友！

可怎知，這個自不量力的丫鬟卻偷偷愛上尚書的公子。因此，每當看到大小姐與夫婿的恩愛情景時，她真是妒火中燒，憤慨不平！她怨嘆自己的出身，怨嘆自己的際遇，怨嘆自己的丫鬟身分，怨嘆自己雖然貌美如花，卻因為出身卑賤，只能一輩子做下人……

那忌妒的火花就像星星之火開始蔓延，終於一發不可收拾。某個夜晚，大小姐的夫婿出外辦事。晚餐後，丫鬟一如往常陪同小姐在後花園散步。這時候，起了歹念的丫鬟，竟然趁著四下無人之際把站在湖邊欣賞荷花的大小姐推入湖中。大小姐不停地向站在岸邊的丫鬟呼喊、求救，豈知，那狠心的丫鬟卻表情冷淡地看著她在湖中載浮載沉……一會兒，那可憐的大小姐因為不諳水性又求救無門，就這樣給淹死了。

臨死之前，大小姐這才知道，原來是自己最信任的貼身丫鬟歹毒地謀害她。但為時已晚，大小姐也只能帶著這樣的驚嚇跟怨恨，魂歸九泉去了……

你以為故事到這裡結束了嗎？沒這麼簡單，請繼續看下去吧！

由於這兩世的恩怨糾纏，大小姐懷著山高海深的怨恨，立誓一定要復仇。因為這個嗔恨的怨念，使得她投身到了畜生道，變成了一隻老鷹。

老鷹每天帶著銳利的眼睛和鋼刃般的鷹嘴在空中飛翔，牠的眼光卻不停歇地投射在城鄉市集的大街小巷裡。牠在尋找，尋找牠的仇人，那個投胎後的丫鬟。

皇天不負苦心人，若干年後的某一天，終於讓牠找到了。

這一天，天氣晴朗，古都的街上，人聲鼎沸，熱鬧非常。一名年約三十歲的男子，口裡哼著小曲，大搖大擺地走著。

市集的攤商高聲地吆喝著招呼客人，人來人往之際，都沒人注意到，陽光燦爛的天空裡，不知何時飄來一陣烏雲，更奇怪的是，烏雲上方竟然有一隻黑色的老鷹在上面盤旋著。

男子走到一家打鐵舖前面，拿起鐵器瞧了又瞧，他正在仔細端詳時，卻沒注意到一隻老鷹從上空倏然向他俯衝，堅韌的利嘴硬生生地啄去了他的左眼，只見那男子痛苦驚嚇地用手摀住鮮血直流的眼睛。

在那個緊張的當下，男子一個反射動作，卻將手上的鐵器順勢朝老鷹丟去，碰！老鷹當場掉下來，就這樣嗚呼哀哉，命喪街頭了。街上的民眾目睹這一幕，議論紛紛，感到不可置信。

在我的會客室裡，祂怨恨不平地說出祂跟旺嫂媳婦之間糾纏了三輩子的恩怨情仇，這凝結的冷空氣令人不禁打了個哆嗦，讓人感受到縱然經過了這麼長久的歲月，祂的憤怒跟仇恨卻絲毫沒有減少。

其實想想也是啊！如果不是累積了前兩世的深仇大恨，怎麼會讓這隻老鷹拚著一死，也要找他報仇雪恨？若說是天理昭彰，報應不爽，但是這當中的恩恩怨怨、是非曲直，或許當事人一時之間也很難釐清吧。

聽完了祂的訴說，對於祂所發生的遭遇，以及這樁糾纏了三世的因果事件，我的心情也頗為沉重。我完整地把事情的來龍去脈轉告旺嫂，旺嫂聽得汗流浹背、不知所措。她面有難色地說，因為她媳婦並沒有宗教信仰，她怕說給媳婦聽也不知道媳婦信不信。

由於旺嫂不是當事人，我只能婉轉地告訴她，如果可以的話，建議她媳婦應該妥善地化解這段恩怨，也要多行善積福，並且給自己正面積極的信念，這樣多管齊下去進行自然會改變現況的。

一會兒，旺嫂跟友人離開了我的會客室，這時天空正下著毛毛細雨。我心想，縱使是下雨也總會有放晴的一天吧，或許旺嫂的媳婦能聽得進去，願意多做些功德迴向給祂，之後應該能夠有一個轉變的契機。

怨偶

（台語）貧窮夫妻萬般難，
嘴笑目笑夢中盼。
因緣牽絆相怨嘆，
放下心怨自容寬。

這天，因為客戶何先生的股東約訪，我一早就來到他們的工廠。一進門，卻感覺今天的氣氛有點怪怪的……果不其然，何太太一臉憔悴，開口就問我：「我該怎麼處理我的婚姻？該怎麼對待我先生呢？」

我和他們夫妻倆認識將近十年，對他們的情況略知一二。其實何先生為人心腸很好，脾氣溫和，對朋友也不錯，但就是耳根子太軟，而且受不了朋友的蠱惑，因而染上賭博的惡習。多年來，欠了許多債務，也給自己跟家人惹了不少麻煩，最後總是靠何太太咬著牙一點一點地處理，總算還能度過難關。

這些年來，每每和何太太聊天時，都能體會她所承擔的生活壓力，以及對丈夫的失望與無奈。我總是勸她盡量看開一點，用正面的態度來看待這一切。也多次提醒她，何先生的運勢不太好很容易有是非，要多注意一點！幾年下來，何太太總是關關難過關關過。

原本以為何太太隨著一雙兒女都已成年，應該會逐漸減輕生活負擔，而近年來，較少聽到何先生有出狀況，所以也暗自為何太太慶幸，她應該快要脫離苦海了！

沒想到，何先生私自把廠商的貨款收走、花用，嚴重影響到與親戚合夥的公司商譽及營運。何先生的親戚對於這種情況已經到了忍無可忍的地步，勢必要與何先生切割清楚，才不會牽連到公司的經營以及股東權益。

這麼多年來，何先生所犯的錯誤，都遠不及這次嚴重，連何太太也被親戚數落太過縱容丈夫才會導致如此的窘境。何太太面對丈夫所闖下的禍事不僅感到生氣、震驚，而且，夾在親戚之間的人情冷暖與為難只能往肚裡吞，讓她不知如何是好，只想到乾脆離一離，解脫二十幾年的痛苦負擔。

由於何先生長期以來決策草率、金錢控管不良、財務狀況不斷，每每都把問題丟給何太太，而何太太除了憂心，還必須硬著頭皮想法子處理，其實對婚姻早已不再眷戀，這次又發生這樣的事，簡直有如壓垮駱駝的最後一根稻草。

說穿了，並不是稻草重到把駱駝壓垮，而是駱駝本身就病得很虛弱，才會連幾乎沒有重量的稻草壓上去後，就垮了下來！何太太眼眶泛紅地問我，到底她上輩子做了多壞事？這輩子才會替她先生揹這麼多債、扛這麼多責任，承受這麼多責難。

我靜下來，透過感應請示文昌帝君，希望能看看如何協助他們。

我看到一個古代的場景，原來在前世裡，他們倆也是夫妻，何先生看起來風流倜儻（和這輩子也有一點相似！），為人海派、交友廣闊，三教九流的朋友都有，鎮日在外花天酒地，很少在家。就算回到家也是渾身酒氣，對妻子頤指氣使、動輒責罵，長久以往，夫妻之間的濃情蜜意也就消磨殆盡了。

而年輕貌美的何太太長年獨守空閨，心裡頭怨恨丈夫對她的冷落，又因為跟管家朝夕相處產生了曖昧的情愫。最後，何太太就索性跟管家謀劃，把家中值錢的金銀珠寶席捲一空，兩個人就這樣就私奔了。

文昌帝君說：

（台語）業債相連因緣牽，

起心動念積福岸。

夫妻同船相看伴，

哪知怨念從未散。

由於何太太在前世裡背叛何先生，還奪取了他的財物，造成他們之間的愛恨情仇延續到這一世。雖說多年以來，何太太為何先生解決了許多債務，但是，她對於何先生的怨念卻是從來沒停過。如果何太太能放下對先生的怨氣，轉而多積福分來迴向給他，那麼他們之間的恩怨便會了結得比較快。

聽完我的解釋，何太太彷彿有一點領悟。她又問道：「那為什麼我先生這麼多年來總是無法戒掉這些壞習慣呢？」帝君接著說道：

（台語）造因烏雲遮，
起心未得正。
蹉伐人生看，
紅塵本虛華。

帝君說，何先生的運途會像烏雲遮日一般，還是歸因於他的僥倖心理以及偏差的價值觀，那樣的因子難以根除，他就會一再重複同樣的錯誤。至於眾人的指責，帝君建議何太太應該以淡然的態度面對，因為這也只是人生的一個過程而已。而且，沒有人喜歡自身的權益受到侵犯，所以何先生親戚這些自保的反應都是正常的。況且，這些人情冷暖，以及蜚短流長，不過是紅塵中短暫的風霜而已！

講到這裡，何太太突然眼眶泛紅，低聲啜泣，她告訴我，可是這些事讓她覺得很自卑、抬不起頭來！這時，帝君又說了：

（台語）自卑困心念，
人生怎得望。

人言如浮雲，
風吹自然行。

帝君的意思是，如果一個人總覺得自己不如人，總是被自卑感困住的話，將會因此對人生失去希望。而人存在的價值並非光靠表面所見，也不是由別人來評斷，而是我們自己的內心怎麼看待自己。如果我們心存善念、寬容別人、樂天知命，那麼又何須因為別人的眼光或誤解而感到自卑、而否定自己呢？況且，旁人的耳語或指責，就像天上的浮雲，現在在這裡，過一會兒，當風吹動時，它已經飄到別的地方去了。既然這樣，那對於這些短暫的蜚短流長，何妨一笑置之！

聊了一會兒，何太太的嘴角終於有了笑意，心情明顯好了許多。我想，當她收拾好心情，想法轉變，以樂觀積極的態度來面對問題時，許多困難將因此迎刃而解，對於往後的人生也會有很大的幫助。

竄改科名的後遺症

懸梁刺股為科名，
陳倉暗渡成泡影。
暗夜聲聲討公平，
烏雲罩頂難安寧。

五十幾歲的林太太雖然已經做阿嬤了，但身體還算硬朗，經常在寺廟裡做義工。這一天，晚上十一點時，林太太帶著稚齡的孫子匆匆來到廟裡。她說想請示仙佛，她上輩子到底做了什麼孽？為什麼這輩子這麼操勞，還經常被人倒錢，這幾年下來已經被倒了兩、三千萬。她說她那麼努力工作，經常幫助別人，也在廟裡做義工護持仙佛，可是為什麼活到現在還無法輕鬆過日子？

聽完她的話，我靜下來請示文昌帝君，看看她到底是出了什麼問題？這時，得到一個訊息：「竄改科名。」我仔細查對之下，發現她的前世是做官的，卻因為財迷心竅，收受賄賂，竄改了科舉考試的中舉名單。

看到她一臉疑惑，我便接著解釋給她聽。古人說：「十年寒窗無人問，一舉成名天下知。」古時候的當官管道是科舉制度，一個書生，要經過多少年的寒窗苦讀，才能夠考取，獲得功名利祿，進而光宗耀祖，而這也代表有一定的福分才能獲得。然而，林太太在前世當官時，因為利慾薰心，竄改考生的科名，就是剝奪了他們的福分，等於將原本屬於這名考生的福分拿給沒有福分考取的另一名考生。這樣的行為嚴重「失德」，所以註定她這輩子要來償還。

我看文昌帝君降示的詩偈末二句寫道：「……本在福中生，德失換業償。」難怪，當她這輩子碰到前世被她剝奪福分的人時，就會把辛辛苦苦賺來的錢一一倒給這些人。聽完我的解釋，她嘆了一口氣，喃喃說：「原來是這樣，那我就比較釋懷了！」

林太太常來問事，但今天比起以往，整個人看起來無精打采，且眼神憂鬱。我便問她：「妳是怎麼了，為何臉色看起來這麼差？」這話不問還好，沒想到她頓時紅了眼眶，掉下淚來。她說：「我先生有外遇十幾年了，我到現在才發現。是不是我不好，為什麼他會愛上別人？那他為什麼不乾脆離婚，讓我好過一些？我就成全他們啊！為什麼？一定是我不好。我是不是該離開？我好痛苦啊！」

原來，她的先生十幾年來，一直和外面的女人維持著婚外情，但是因為她先生平常完全沒異樣，也很照顧家庭，對她也很好，所以她一直沒發現，仍然很稱職地侍奉婆婆、照顧先生、小孩、孫子。雖然現在事情被揭穿了，但是她的先生仍不想和外遇對象分手、卻也不願和她離婚。就這樣，她每天陷在憤怒、哀怨與無奈當中……

她問我，她先生會同意離婚嗎？感應完帝君的指示後，我告訴她：「妳先生對妳有很深的感恩，那表示妳一定是很稱職的好太太，而且妳給他一股很大的安全感，所以就各方面而言，他依賴妳很深，他是離不開妳的，他會有外遇，並不是因為妳做得不夠好。

「這輩子會相遇的人，都是來和我們了卻一些因緣的人。外面那個女人，十幾年的青春付諸在妳先生的身上，不求名分、無怨無悔，那表示她和妳先生前世一定有著很深的因緣。如果他們緣分盡了，不必妳來求，妳先生自然會離開她；

反之，如果是妳們夫妻的緣分盡了，妳先生就會斷然離開妳。而且，憤怒跟不平的情緒，沒有辦法解決妳的問題，而是應該冷靜下來，通盤思考後謹慎地面對。況且，如果妳再怎麼溝通努力，妳先生最後還是選擇離開妳的話，換個角度看，那就是彼此這輩子的因緣已經了償，這樣妳也減少一份負擔跟責任，可以輕鬆一點過日子，對妳來說也未嘗不是好事呀！何不用平常心來看待人與人之間的因緣聚散呢？」

她聽完，沉思了幾秒鐘，似乎想通了什麼事，說了聲謝謝就離開了。望著她離去的背影，我突然想到文昌帝君日前開示的一篇詩偈：

困於得失之間而智難開，執於因果之中而心有礙。
凡塵如雲煙，聚散一瞬中而成幻影。
唯無求於事，無為於心，順天地自然之起落，聚不為喜，失不為悲。
形相皆有滅，相滅於心，而道理則明。
明而自知覺性，破無名而證大道。
相本非相，物為塵生，情為心起，得失不增減，聚散順因緣。

無智則大悟，無相則至覺。
本有本具，何能無？唯心唯性，方能拋。
神形該空，空得妙有，妙難言表，唯入道化，應時而行，心不入相，便智足矣！

這是文昌帝君第一次用這種形式的詩偈來啟示我們，令人感受相當深刻！詩的意思是說，大多數的人都會因為得失心而造成心境的起伏與困擾，因此無法用理性智慧來看待問題；而且，會因為因緣的牽絆造成內心的困礙。紅塵就像雲煙一樣，人來人去、緣起緣滅，經常在一瞬之間就成為泡影。凡事盡力即可，但對於結果不要強求。能相聚時，好好珍惜，但不需要特別歡喜；時間到分開了，祝福彼此，也無須悲傷。

所有的形相都有幻滅的一天，當你不再執著於形相，你就能領悟人生的道理。理解了天地間的道理，就能不被無名所困，就能領悟什麼是道。人在世都是在藉假修真，我們所看到的都是短暫、都非真實。情緒跟感受都是由心而起，心不隨著得失起伏，相聚跟分離都順其自然，不要強求。放下自以為的智慧才能領悟，不被事情的表象困住才能清楚地覺察。

你可能會說，這些都是與生俱來的本性，如何才能不受影響？只有通透世事的本質，自性清明，方能放下困住自己的念頭。當自我的觀念跟執著放下了，放空了，反而能領悟絕妙的感受，但「妙」無法用言語形容，道德經有云：「人法地，地法天，天法道，道法自然。」凡是盡隨自然之道，心不被外在的相所困，智慧便已然俱足了！

文昌帝君的詩偈，精闢入裡、字字珠璣，讓我們有了很深刻的省思。

現實生活中，我們經常受困於人世間的種種執著，因著人與人之間的相處、聚散而導致喜悅或悲傷。但是人生的聚散離合、緣深緣淺，豈是我們有辦法決定的？如果不能隨順因緣，坦然地接受這些變化，必然會時時困擾著心靈而無法自在。

隨著不斷經歷的喜怒哀樂、生離死別之後，我們是否能看透？我們是否能平常心地面對日常生活中人事物的各種變化？我想，或許經過很多痛苦磨練之後，我們能因為智慧的增長而逐漸領悟「放下」之道吧！

小孩大人

青燈常伴斷紅塵，
平凡來生有餘夢。
心神幽幽困前世，
一念還無解愁容。

您曾經看過嗎？有些小朋友明明年紀輕輕，卻沒有孩童該有的天真無邪，甚至經常一臉憂悶鬱卒、心事重重的樣子，彷彿幼小的身體裡面住了一個老靈魂。這樣的小孩看在父母的眼裡，真是百思不得其解，如果問小孩為什麼要這樣，那孩子也說不出個所以然。

小珍是我一位友人的孩子，早熟、獨立，生活上很少讓父母操心。但不知從幾歲開始，小珍經常心事重重、悶悶地不講話，偶爾還會唉聲嘆氣，眼神哀傷鬱卒。這樣的情況持續了好幾年，小珍的父母也一籌莫展，沒想到一趟普陀山之旅卻改變了小珍，讓她一掃陰霾，展現陽光般的笑容。小珍的父母總算鬆了一口氣。

話說浙江東海中的舟山群島上，有一處佛國聖地，普陀山。普陀山是佛教的四大名山之一，也是觀世音菩薩的道場。相傳在五代時期，日本的慧諤和尚，遠渡重洋來到山西的五臺山。當時他看見一尊觀世音菩薩的聖像，工藝精美、法像莊嚴，讓他內心羨慕不已。他想讓日本的人民能因為親睹菩薩聖像而對佛教產生信仰，又怕聖像的持有人不願意割愛，於是他就偷偷把神像拿走，打算盡快乘船返回日本。沒想到，當船開到舟山群島，一處名為「新羅礁」的地方時，突然風浪大起，波滔洶湧，海面上竟然出現了無數的鐵蓮花，阻隔船隻前進。慧諤和尚恍然大悟，在菩薩的聖像前跪下禱告，最後依據菩薩的意願就在普陀山上建立精舍，供奉聖像。

這就是關於普陀山之所以成為觀世音菩薩道場的典故。

普陀山上有一個著名的景點，潮音洞，據說這裡是觀世音菩薩居住的地方。看過《西遊記》的人應該都有印象，孫悟空要去找觀世音菩薩求救時，都是來到潮音洞。

相傳唐朝時期，有一名印度僧人在潮音洞口焚燒自己的十根手指，虔誠地禮拜觀世音菩薩。這時，洞裡突然光芒四射、大放異彩，菩薩真的現身來接見他，並且贈送了七色寶石給他。這下可不得了，菩薩顯靈的神蹟傳開以後，潮音洞就被蒙上了神祕的色彩，不斷有各地信徒前來潮音洞朝拜。這些信徒不僅僅作禮拜而已，他們還仿效印度僧人自殘禮佛，甚至還有人跳海捨身殉佛，想要藉此來往生西方極樂世界。到了明代，官方下令禁止在此處跳海、燃指；明萬曆年間地方官在此建立「莫捨身亭」，並於亭中設立了「禁止捨身燃指」碑。幾百年下來，亭子禁不起風雨的摧殘已經毀壞，但這塊碑到現在還屹立著。

講了這麼多潮音洞的事，到底跟小珍之間有什麼關聯呢？這就要說到小珍的前世了。

前世裡，小珍是一位員外的夫人，賢淑又懂事、盡責。由於受到佛教的啟發，她開始常年茹素，並且一心向佛。古代是父系社會，婚姻制度容許男人娶妾；而女子無才便是德，沒有社會跟家庭地位，更別說有發表意見的分量了。所以，員外要納妾，身為大老婆的小珍不能置喙。

按理說，既然小珍已經一心向佛了，應該要萬緣放下。可是，偏偏前世裡的小珍，因為太愛丈夫了，沒有辦法接受必須與其他人分享摯愛的丈夫。因此，每當夜深人靜獨守空閨時，她只能坐在窗邊，對著星月訴說無奈與惆悵。但是長期這樣也不是辦法，小珍只好經常在佛堂誦經禮佛，希望藉此來紓解這份痛苦。

某個因緣之下，她來到了普陀山，聽聞潮音洞的傳說。當天夜裡，她來到了潮音洞前，想起了她跟員外之間的感情糾結，以及對於員外納妾的無奈。一時之間，愁緒鋪天蓋地而來，她竟然一躍而下，跳海捨身。

那一世的小珍，人是跳海死了，但死亡的當下，那股強烈的惆悵深植在她的潛意識裡，就這樣帶到了這一世，變成我們所看到的樣子：年輕幼稚的臉龐有著惆悵的眼神跟深深的無奈。

應該是時間點到了，所以小珍有機緣跟著父母與包括我在內的一行人來到普陀山旅遊。就在來到潮音洞時，我突然看見了那一世裡小珍尋短的過程，或許是觀世音菩薩的神力靈驗，也或許是靈山聖地的磁場作用吧。總之，小珍就在「舊地重遊」的當下，讓她前世裡那禁錮在潛意識裡的惆悵感被釋放了，之後她就豁然身心開朗了。

幾天以後，小珍像是變了個人似的，眼神不再憂悶鬱卒，也可以開開心心、說說笑笑，終於恢復她這個年紀該有的童真樣貌了！

一代宗師

（台語）拳頭打天下，
車拚贏名聲。
氣心擱魯命，
奮鬪第一名。

由甄子丹、熊黛林所領銜主演的賣座電影《葉問》，相信很多人都還有印象。這部電影主要改編自詠春拳高手葉問的生平。電影裡頭，甄子丹所飾演的葉問出身望族，但他的武藝精湛、身手矯捷，堪稱是廣東佛山的第一高手。一九三〇年代，佛山地區習武的風氣鼎盛，各門各派都廣納門徒，為了壯大武館的聲勢，經常用比武的方式來彰顯實力。由樊少皇所飾演的「金山找」是一群北方武師的頭頭，他為了在佛山揚名立萬，就到各個武館找人比武、踢館。想當然，金山找要成為第一，就一定要挑戰葉問，甚至不惜一切代價逼葉問出手。

以上是電影情節，卻可能在真實生活當中上演。覺得奇怪嗎？這可一點也不奇怪，因為人在每一世的輪迴當中，都扮演不同的角色。但是，這角色經常會延續或者雷同喔！

這天，我一如往常地坐在廟裡服務，約莫十點多，輪到了來自屏東的阿桃。阿桃的身材高䠷、皮膚黝黑，笑容靦腆，但看來有些許英氣。她今天由朋友陪同來到廟裡，想要請示事業跟運途。

感應當中，文昌帝君指示，阿桃最近的事業跟運途都不順暢。聽到這樣，阿桃連忙點頭稱是，並且問：「為什麼會這樣？」我抬頭看著她說：「帝君表示，妳的個性很喜歡跟人家抬槓、鬥嘴鼓，常常因此而得罪人。而且，妳個性好打抱不平、喜歡挑戰權威，越是看起來道貌岸然的人，你越是看不慣，就會更想要挑戰對方。這樣子很容易造成上司對你不滿，進而影響了工作跟升遷。」

陪她來的兩個朋友站在旁邊，一聽到這裡竟噗嗤地笑了出來，而且點頭如搗蒜地連忙指著阿桃說：「是啊！是啊！她就是這樣。每次勸她都講不聽啦！」阿桃低下了頭，顯得有點不好意思。阿桃說她知道了，她想再請示一下為什麼幾年來事業都好像遇到瓶頸，停滯不前。是不是有什麼原因？

我靜下來繼續幫她請示文昌帝君，感應當中，看到了一個古代的畫面。畫面之中，有一位威猛高壯的武師，仗恃著自小習武，功夫高強，就到處去找武藝精湛的人挑戰，也四處去武館踢館。每當他打敗對方、踢館成功時，就飛身一躍，去把人家武館的牌匾拆下來，砰的一聲，折成兩半，然後再驕傲地仰天長嘯，示威一番！

原來啊！這位武師就是阿桃的前世，當時有一位被他打敗的武館館主認為他勝之不武，加上無法接受落敗的羞辱，以及顏面掃地的事實，導致後來一蹶不振，落寞寡歡，鬱悶而死。這位館主帶著臨死時憤慨不平的意念，幾個世代以來，尋尋覓覓，想找到打敗他的武師。終於在幾年前找到了重新投胎後的武師——阿桃，然後祂就貼身跟隨著，想要一討前怨！因為有陰靈跟隨運勢本來就比較低，又由於阿桃本身的個性使然，原本就比較不會討好上司，因此就前途無亮，運勢更加不順遂了。

我抬起頭告訴阿桃：「帝君說妳上輩子是一位『武師』，到處找人挑釁、踢館，打贏了就把人家武術館的招牌拆下來劈成兩半，強悍的哩！妳身邊跟了上輩子被你打敗的武館館主的陰魂啦。」一聽我說完，阿桃的朋友連忙驚呼說：「這也太神了吧！」

站在前面的阿桃則是一臉不可置信的模樣，像是被我的說法嚇了一大跳！

當我正好奇她們的反應時，阿桃告訴我，她從小就習武，而且還當上跆拳道選手，目前的職業就是跆拳道教練。

聽到阿桃這樣說，我不禁笑了出來。阿桃的上輩子是一個武術宗師，這輩子她是跆拳道高手。上輩子武師到處找人比武、挑釁、踢館；這輩子阿桃也愛跟人抬槓，挑戰威權。雖說這輩子阿桃投胎變成了女生，但骨子裡流的就是武術家的血液，所以，這不服輸的個性就跟上輩子一模一樣啊！

接下來，阿桃請求神明作主，幫她跟這位武館館主溝通並渡化祂，希望能夠了結相互之間的恩怨，也希望這位館主不要再繼續跟著她了。一會兒，文昌帝君作主渡化了這位館主的陰魂，事情也算是圓滿處理了，接著，阿桃跟她的朋友便向我們告辭，準備開車回去屏東去。

我看見她們走出廟門時，還在你看我我看你地笑成一團，一方面在調侃阿桃，一方面則不停地嘖嘖稱奇。

從阿桃的例子看到了一個重點，那就是，每個人都有先天的思維跟個性，所有的優缺點都涵蓋在裡面。這個「個性」講好聽一點叫做個人「特質」，講難聽一點叫做「劣根性」。但這個特質也著實太頑固了吧！可以從上上上輩子延續到上上輩子，從上上輩子延續到上輩子，再從上輩子延續到這輩子……如果沒有改變的話，就會一輩子、一輩子地延續下去。難怪有俗語說：「江山易改，本性難移。」這個根深蒂固的個性想法，是生生世世所累積下來的，難怪影響會這麼深遠，這麼難以改變！

但是想想，不管是盤根錯節、根深蒂固，甚至冥頑不靈的劣根性，總要想辦法改變它吧！如果不改變的話，這執著的頑劣個性不就還要生生世世延續下去了，難道真的要這樣嗎？苦海無邊，回頭是岸吧！

皇子跟比丘尼

（台語）愛戀難言世俗事，
烽煙裊裊傳情思。
寒風孤單等千秋，
幽魂佛前祈重聚。

曾在網路上看到幾張照片，說是五臺山某佛寺的比丘尼們去參加一位還俗的比丘尼的婚宴。照片裡的比丘尼們不僅各個濃妝豔抹、穿戴華麗，還飲酒作樂、豪邁非常。這些照片一流出，造成社會不小的震驚、輿論譁然，喧嚷了好一陣子。最後被眼尖的網友查證，這些是某間傳銷公司的造勢手法，藉此引起話題。還好，佛門的清譽是保住了，但也不禁令人感嘆，網路的世界真真假假，到底有幾分真實性可以相信？

位於山西省的五臺山，是中國佛教四大名山之首，也是文殊菩薩的道場。五臺山從二千多年前開始建廟至今，曾有「大寺三百六，若蘭（小寺廟）無其數」的盛況，但隨著時代變遷的影響，目前還留有一百多處寺廟道場。

幾年前我與一群朋友曾經造訪五臺山，同行的朋友小吳還因此在那裡了結他跟一位比丘尼糾葛了百年的情緣，相當有戲劇性。

說起我這位朋友小吳，身高一八五公分，身材高壯魁梧，個性豪放不羈，雖稱不上是英俊瀟灑，但舉手投足也有著陽剛的魅力。

來到五臺山的第二天，我們造訪了五臺山著名的顯通寺[2]。

七、八月的山西被當地人稱作是「火爐」，顧名思義就是天氣相當炎熱。我們到的這一天雖然烈日當頭、炙熱難耐，但顯通寺的大殿前面依然香煙裊裊、萬頭鑽動，從各地前來朝拜的人潮絡繹不絕。顯示人們的虔誠信仰並不會因天候而受影響，也足見宗教信仰在現今浮動的社會人心當中扮演著相當重要的安定力量！

過一會兒，我們手持三炷清香，也加入了禮拜的行列。這時候，在大殿前面的小吳走到一半突然停住，舉止有些怪異。吳太太問他怎麼了？小吳說他突然被「電」了一下，好像有「人」在拉他的手，但他左右張望又沒有別人……小吳一臉狐疑，心裡覺得很奇怪。

這天，顯通寺內正好在舉行法會。參拜完，小吳主動走入寺內向師父表示想要報名法會。師父請小吳登記超渡項目時，小吳很順手地勾選「超渡冤親債主」，隨後就從口袋掏錢並且繳費。走出殿外，小吳一邊走一邊自言自語地說：「我跑這麼遠來到這裡報名什麼法會、超渡什麼冤親債主啊？」對於小吳一連串奇異的舉動，跟在旁邊的吳太太看得一頭霧水。

這時候，我倒是察覺小吳身旁有一道虛無縹緲的影像，那身形樣貌看起來是一位比丘尼。

接下來看到的畫面，將時序推回到百年以前，看到的是小吳的前世。

前世裡的小吳是當朝皇帝的兒子，也就是皇子。當時，皇子受命緝捕要犯來到了五臺山，不料，待在五臺山的這些日子裡，出身尊榮皇室的皇子，卻邂逅了

2 顯通寺始建於東漢明帝永平年間，比白馬寺晚了幾年，堪稱是中國第二古寺。顯通寺原名大孚靈鷲寺，意在引用佛陀講經於靈鷲山的典故；後來在清康熙二十六年，改名為大顯通寺。

一位娟秀慧黠的比丘尼。這當真是一段孽緣啊！原本四大皆空、心清如水的比丘尼，竟然受到皇子的愛慕動了凡心、犯了戒律，進而與他發展出一段戀情。

然而，幸福的日子總是特別短暫，尚有要務在身的皇子需要回京城覆命無法繼續待在五臺山，皇子臨行前信誓旦旦地告訴比丘尼，等他回京城把事情處理完就回來找她。不料，回京之後的皇子竟然再也沒有回去五臺山，留下這位比丘尼獨自承受犯戒的苛責與壓力，每天孤單地看著日出又日落，守著一個不會兌現的承諾，幾年之後，比丘尼無奈地嚥下最後一口氣，帶著遺憾過世了。

而這位比丘尼死去之後，祂的魂魄卻仍然在顯通寺外面徘徊。多少次的暮鼓晨鐘迴蕩在山間，無數個日子過去了，直到今天，祂終於遇見了重新投胎之後的皇子——小吳。

當時在大殿前面，小吳突然有那種好像被電到的感覺，其實就是這位比丘尼禁不住久別重逢的激動而拉他的手，但由於陰陽兩隔，小吳根本看不到祂。可奇怪的是，小吳竟然感覺到有「人」在拉他，甚至還不明就裡地主動去報名法會要超渡冤親債主。我想，小吳這一連串被牽引的動作，就是在了結與比丘尼那段前世遺留下來的因緣吧！

幾小時後，我們離開了五臺山。當遊覽車在蜿蜒的山路上行駛，我看著坐落在巍峨蒼翠的青山間那一座座莊嚴的佛寺時，還在想小吳跟比丘尼流轉百年的愛情故事。雖然看起來是個「無言的結局」，但他們之間的因緣總算圓滿地畫上了句點。了結了這段牽掛，相信這位比丘尼也可以在五臺山上繼續祂未完成的修行了；至於一派豪爽不羈的小吳呢？當然也是繼續過他的日子，不然呢？

火頭軍

（台語）巡頭看尾一身軀，
幽魂糾纏難順適。
冤冤相報何時停，
只怪怨念起禍事。

一日，阿仁來廟裡向文昌帝君請示身體健康問題。我看著他面色蒼白、氣如游絲、精神恍惚的樣子。他說他最近經常頭暈目眩、胸悶、呼吸窘迫，常常覺得呼吸不到空氣快要昏倒。聽到他這樣說，我便問他，你這樣有沒有去醫院檢查？嚴重的話，應該趕快去醫院治療吧！

他說他剛從醫院回來，而且他已經連續兩天睡在醫院裡面，因為醫生說他是

「睡眠呼吸中止症」，就是那種睡覺睡到一半呼吸會停止，呼吸停止就會有生命危險。這可不是開玩笑的！阿仁只好乖乖聽醫生的話，去醫院「睡覺」，醫生在他身上連接儀器來偵測他的心跳跟呼吸，企圖找出原因。

我靜下來幫他請示文昌帝君，發現阿仁身邊跟了一群「人」。帝君說，阿仁前世是軍隊當中負責烹煮食物的「火頭軍」。

前世裡，阿仁十幾歲就去從軍，被編排在「火頭軍」裡面做事，打理眾阿兵哥們的三餐飲食。所謂「民以食為天」，台語有句話也講「吃飯皇帝大」，都是形容吃飯很重要，吃飽了才有體力可以幹活。所以，「火頭軍」聽起來位階不高，但職位是重要的，因為如果將士們吃不好或沒吃飽，打起仗來軟弱沒力，那也是不行的。

擔任火頭軍的阿仁雖然個性老實卻貪杯，閒來沒事就愛小酌幾杯。只是每每三杯黃湯下肚之後，經常口無遮攔、酒醉誤事，遭到長官的懲戒責罰，甚至被降級處分，也因此受到軍中同袍的排擠。長久下來，阿仁與長官及同僚之間嫌隙日深、關係惡劣，阿仁因此暗自含恨在心。

當時正值兩軍交戰期間，敵軍祕密查探軍情得知此事，便利用這樣的機會，找人來賄賂阿仁，並交給他一包蒙汗藥，讓他添加在將士們吃的菜餚當中。果不其然，部隊的將士們紛紛因為吃了下藥過的菜餚，四肢發軟昏沉無力，不堪一擊，就這樣，被伺機等待的敵軍一舉攻破，殲滅了！

打勝仗的敵軍在那頭歡喜慶功，而被剿滅的將士們的陰魂群情悲憤，飄飄蕩蕩地在尋找下藥的人，找了幾個世紀，終於在幾個月前找到阿仁。就這樣，阿仁發生了嚴重的暈眩症，到處求醫也找不出原因，只能暫時吃藥舒緩。但最近又發生睡眠呼吸中止症，讓他不停地進出醫院，著實苦不堪言。

聽完了我的說明，阿仁嚇得不知如何是好，一時間天旋地轉，差點站不穩。後來，阿仁趕緊走到殿前捧起筊杯向堂上的瑤池金母、文昌帝君禮拜，祈求仙佛慈悲，普渡接引這些前世的同袍陰魂，讓祂們能夠放下仇怨前往仙鄉，從此大家各過各的生活，不要再貼身跟隨他。

半晌過去了，阿仁的虔誠跟善意，獲得了仙佛的應允，以及昔日那些同袍陰靈的原諒，終於順利地渡化了祂們。處理完畢，阿仁感覺眼前一亮，整個人清醒不少，頭好像也就沒那麼暈了，這時候的阿仁露出了微笑，跟剛剛走進來時那病懨懨的樣子像是換了一個樣貌。

在世間，人很難遺世獨立，不跟別人互動，尤其是在職場上，同事來自四面八方，有緣才會齊聚一堂，但因為工作的關係必須相互合作，很容易因為各自的想法跟做事態度不同而產生衝突。我常說，沒有零問題的公司，也沒有零缺點的人；牙齒都會咬到舌頭了，人怎麼可能沒有衝突糾紛？但是當老的時候，牙齒都掉光了，舌頭卻是還在，這代表「柔軟」的可以活得比較久。每個人都想過得更好，只要心胸寬闊，凡事多看優點，多包容缺點，多一點同理心，少一些批評，同事之間的相處，自然和樂許多，日子也會過得比較快樂哩！

傲慢的舉人

（台語）靜觀天地無話語，
善惡之念現形跡。
禍福轉化知天理，
自有因緣何須期。

幾年前到浙江普陀山旅遊時，我與一群友人曾經到「法雨寺」[3]去參拜。參拜完，我們一行人陸續上車，準備前往下一個目的地，阿城卻忽然想起他脖子戴的一尊玉佛像忘記拿下來過爐讓仙佛加持。由於其他團員還沒到齊，阿城便急急忙忙跑回法雨寺大殿要去過爐。十幾分鐘之後，拿著過完爐的佛像，阿城快步地跑回來，趕忙上車，我們便驅車離開法雨寺到下一個行程。

沒想到阿城一坐下來，神色有異，開口就問我知不知道他剛才發生了什麼事？我被他這突如其來的動作逗得笑了出來，接著問他剛剛是跌倒了嗎？他說沒有。那……是被搶劫了嗎？佛教聖地應該不會有這種事吧！他連忙搖頭，趕忙說出剛剛回去過爐時發生的奇怪遭遇。

阿城說，他剛剛拿著佛像走回法雨寺大爐的途中，遇見一位出家師父迎面而來。在佛教聖地遇到出家師父應該是很平常的事吧！可奇怪的是，當他跟這位出家師父擦身而過時，心裡居然起了一個念頭，他對自己說：「我應該要供養他。」但當下念頭一閃而過，他趕快跑去法雨寺大殿，把佛像拿起來過爐完畢，就又趕緊往停車場走，怕大家等太久。

怎知，回程的路上，踩空一級石階，身體踉蹌一下差點兒跌倒，他突然覺醒似的，趕緊從口袋拿出一張人民幣，跑過去追上剛才那位出家師父，躬身虔誠地雙手奉上紙鈔，阿城告訴這位師父這是要供養他的。

3 法雨寺位於普陀山後山的南邊，故又稱為後寺。法雨寺創建於明朝萬曆八年，距今四百餘年。起初名為海潮庵，後來因為康熙皇帝御賜「天花法雨」的匾額，因而改名為法雨禪寺。法雨寺依山勢而建，宏偉莊嚴，是普陀三大禪寺之一。

後來，阿城一面走向遊覽車，心裡卻一面犯嘀咕，他覺得自己剛才的情況好像「怪怪的」。

聽到阿城敘述這段際遇，我們都笑了出來，我們還開玩笑說搞不好是因為阿城生性太節儉，很少布施，才會差一點跌倒吧！但玩笑歸玩笑，對於阿城剛剛發生的這段際遇，果然是有前世因緣的！

因為，當阿城在敘述這段奇遇時，我一邊聽他講述，同時卻彷彿像在看電影般，一幕一幕地看見他跟這位出家師父的前世因緣。

我看見前世裡的阿城是一位舉人，學富五車、才高八斗，阿城對於自己的文才學識是相當滿意又自負的。

這日，風和日麗、陽光普照，天氣晴朗，阿城跟三五好友相約出遊。只見阿城從大街上走了過來，腰間掛了玉珮，大搖大擺、走路有風。我看阿城那一世的身形跟這輩子倒是相差無幾（所以說，體型身材是會遺傳的）。這時候，熱鬧的街市旁邊站了一位出家人正在托缽，這位出家人，就是今天阿城所遇見的那位出家師父。

古人說：「萬般皆下品，唯有讀書高。」又說：「士農工商四民者，國之石（柱石）民也。」顯見讀書人在古時候的地位不低，而且讀書人多半有崇高的理想與抱負，因此讀書人多半自負而且有傲氣，阿城顯然也不例外。

當時，阿城沿著街市走來，剛好經過這位托缽的出家人前面，沒想到，阿城心裡卻認為出家人不事生產就算了，竟然還在此托缽！他一時念起，非但沒有供養這位出家人，還故意用腳絆了他一下。出家人腳扭了一下差點跌倒，阿城見狀之後便悻悻然地快步離去。

看到這裡，我忍不住笑了出來！因為，阿城這種會揶揄、開玩笑跟惡作劇的個性竟然跟前世裡一模一樣！而且，這因果循環的力量真是可怕，阿城上輩子輕慢了這位出家師父，這輩子時間點到了，來到了普陀山的法雨寺，在跟已經重新投胎後的出家師父擦身而過的當下，阿城不自主地起了個莫名念頭，認為應該供養這位師父。也因為這個念頭，後來阿城還是跑過去供養他，了卻前世裡的一段因緣，也算是圓滿了！

聽我講完這段因緣，阿城一臉尷尬，轉頭看著窗外，若有所思的樣子。

從阿城跟出家師父的這個因緣，讓我們明白了一個道理，那就是我們的任何一個起心動念，一個善念、惡念都是有跡可循。而且，凡走過必留下痕跡，哪怕是小小的善行、惡行，都會在若干世代以後，時機成熟時了償。因而，我們時時都要警惕自己「勿因善小而不為，勿因惡小而為之」啊！

冤枉的下堂妻

（台語）清貧秀才守門風，
賢淑嬌妻命枉送。
非是財少難幸福，
奈何妒心斷安樂。

傍晚時分，我在固定的時間來到廟裡，準備晚上的濟世服務。我看到有一位男士坐在廟裡，是個陌生人，應該是初次來廟裡問事的，我於是主動跟他打招呼。他叫阿偉，今天第一次來廟裡，是一位醫生朋友介紹來的。阿偉應該很早就來掛號了，因為我看桌上一疊掛號單子，阿偉是排一號。

阿偉長相斯文，有書卷氣，態度禮貌而且客氣。我看掛號單上寫他想請示的是事業跟運途。我拿起他的資料請示文昌帝君，從帝君降示的詩句看起來，阿偉目前對於他的事業感到茫然，而且面臨抉擇，不知如何確立方向。

從事婦嬰用品經銷業務的阿偉，多年來辛勤努力地工作，但不知什麼原因，似乎沒什麼長輩緣，也比較沒有貴人提攜；營業成績平平，沒什麼突出表現。阿偉的日子雖然還算過得去，但是卻沒有什麼結餘，好像總得汲汲營營地找生意，才能勉強應付開支。由於太太自己經營人力仲介業務，阿偉一邊跑自己的婦嬰用品業務，一邊也幫太太跑主管機關送件、辦手續。

阿偉無奈地說，這些年來，他的事業總是沒什麼突破跟收穫，搞得自己對未來一點信心也沒有，不知如何是好！

我察覺到阿偉的背後有一位靈界的朋友跟隨，我靜下來感應阿偉的資料，想要找出祂跟阿偉之間到底有什麼關聯。

那是一個古時候的畫面，年代不詳，約莫是臘月時節，冷風颼颼地吹著，古老的街道上沒什麼人在走動。畫面繼續再往前看，當時是晚飯的時間，在狹窄的巷弄盡頭有一間小屋，屋內的女主人秀娟正在家徒四壁的灶堂裡頭用僅剩的一點米煮飯，飯桌上的菜是隔壁大嬸送來的，那好心的大嬸知道她家境清寒，總是偶爾送點食物過來。

這時候，破舊的木門嘎的一聲被推開，只見怒氣沖沖的男主人跑了進來，還等不及秀娟的招呼，他就一把抓住她的手，把她拉向牆角，砰的一聲，秀娟便重重地摔在地上，痛得眼淚直流……她被丈夫這突如其來的暴行嚇得失魂落魄，不知所措！

原來，阿偉前世是一位秀才，雖然有滿腹經綸跟才華，但由於接二連三的考場失利，打擊了他的信心。加上除了讀書之外並沒有其他專長，他又自尊心強不願意拉下臉來投靠親友……種種因素導致淪落到如此三餐不繼的窘境。秀娟是阿偉的妻子，陪他進京趕考，阿偉雖然落魄了，但秀娟還是無怨無悔地陪在他身邊，期待阿偉能夠振作起來。她認為，眼前的日子雖然清苦，但只要兩個人能夠在一起，她還是甘之如飴。

沒想到，今天阿偉在外面聽信了街坊長舌婦的惡意挑撥，竟誤會秀娟跟鄰居阿強有曖昧，阿偉一時醋勁大發，就衝回家，不由分說地把秀娟拖出家門，逼她跪在巷口懺悔自己不守婦道、敗壞門風。那街頭巷尾的鄰居聽到吵鬧的聲音，便紛紛跑出來察看，一聽說是秀娟不守婦道，大夥也跟著指指點點。

秀娟哭得淅瀝嘩啦的，但失去理智的阿偉根本不聽她的辯解，硬是不讓她回家，任她獨自一個人在淒冷的街上哭泣。不知哭了多久，秀娟拖著疲憊的身軀，走到了河邊，看著水面映照自己紛亂的頭髮下那張憔悴的容顏，想到阿偉對她的無情，想到街頭巷尾鄰居那一張張鄙視的臉孔……秀娟感到心灰意冷、萬念俱灰，就這樣一躍而下，結束了她的生命。

由於秀娟臨終前的一個意念執著不放，綑綁著她的靈魂飄飄蕩蕩地經過了不知多少年，從阿偉的前世找到今生，只是想要澄清自己的清白。

聽到我轉述這個故事，阿偉竟然神情恍然、若有所思地說，他最近跟太太之間的溝通好像也有問題，會不會是跟秀娟的跟隨有關？那他該怎麼辦才好？如何才能補償前世裡頭對秀娟的虧欠呢？

秀娟是個明理人，她知道這樣的意念不放對彼此都不是好事。最後，在瑤池金母跟文昌帝君的作主之下，秀娟放下了她對阿偉的不平意念，終於離開這個世間，前往下一個旅程。而祂跟阿偉的因緣，也在這時圓滿了結。

阿偉的故事帶給大家一個啟示，那就是，人生不可能無風無浪、一路平順，總有事情會讓自己情緒起伏甚至暴跳如雷；但是在情緒高漲的當下，千萬不可以魯莽、意氣用事，因為這時很容易因此誤判情勢，造成難以挽回或彌補的憾事。任何事情都一樣，都應該有話好說，情緒來了，深呼吸幾次，先處理心情再處理事情吧！

第二章

今生篇

風轉雲旋片片散，
落花雨露點點霑。
晨鐘悠揚耳邊響，
但祈來人無苦難。

石壁下的土地公

今時覺夢夢方醒，
塵來故往又發心。
一波煙雲顧自去，
繚過青山影無痕。

講到「夢」，相信每個人或多或少都曾有過奇特的夢境。

古籍裡跟夢有關的記載很多，令我印象最深的，要算是「莊周夢蝶」了。話說莊子做了一個夢，夢見自己變成一隻蝴蝶，但醒來之後他發覺自己還是莊子。於是乎，他想：自己到底是變成莊子的蝴蝶？還是變成蝴蝶的莊子呢？

我把夢大概歸類為四種。一種是前世的畫面或經歷在夢裡頭重現；一種是事先預見未來的畫面或者經歷；一種是日有所思夜有所夢，因為壓力或牽掛，所以會在夜裡夢到；另一種夢，就是「有人」託夢，這種夢大都出現在清晨四點到六點之間，夢境清楚而且記憶深刻，醒來時仍然覺得歷歷在目，至於託夢的「人」是誰呢？有可能是神明，也可能是往生的親人。

我從年輕的時候就很會做夢，夢境通常奇奇怪怪、天馬行空。雖然說我做夢的經驗豐富，但都沒有比這次跟土地公有關的夢更令人驚奇！

這是幾年前某天夜裡的一個夢境，至今仍清晰無比，令我記憶深刻。夢裡，我來到一個陌生的地方。我下坡往山谷走著，左邊有水流，右邊是山壁，我挨著山壁沿著階梯緩步前進。走著，走著，看見右邊山壁的岩石下方有一尊土地公。我心裡覺得疑惑，叨念著：「這土地公怎麼沒有廟，卻坐在石板下呢？」

這個夢就這樣在我的心裡擱了幾年，直到暑假的一場家族旅遊，才解開我夢中的疑惑。

暑假期間，我們幾個姊妹全家出遊，大人、小孩加一加有十幾個人，三天兩夜，到南投日月潭、溪頭怪獸村、竹山小半天風景區去遊玩。

因為聽聞日月潭是陸客必遊景點，人潮洶湧，假日搭纜車要排隊幾小時，我們想週五應該人會比較少，所以第一天就先去日月潭。日月潭的黃昏美極了，租車環湖是標準行程。一個小時下來，雖然汗水淋漓，我倒是暢快地做了首詩：「碧水秋波映浮雲，清風空旋仙悠境。一部鐵馬兩腳勤，親子同樂笑盈盈。」除了腳痠以外，感覺真是悠閒極了。

第二晚，我們住在一間相當別致的民宿，由於民宿的老闆住在別處，加上當天晚上只有我們來投宿，老闆索性把整棟房子的鑰匙交給我們自行管理，他就騎車離開了。我們全家人享受著山光月色，大人聊天烤肉、喝啤酒，小孩追逐嬉戲，好不熱鬧。第三天早上的行程，預計去鳳凰谷鳥園。

就在第三天的大清早，我做了一個夢。

夢境裡，我搭電梯要上去總統府，可是電梯到了十三樓，竟然停住了，必須更換另一部電梯才上得去。我趕緊走向另一部電梯，一到電梯前面，門卻剛剛好關上，開走了。我只好走回原來搭的那部電梯，繼續往上按，結果電梯上到十九樓，就上不去了……

清晨醒來，天色微亮，我看看時間剛好是六點，回想剛才的夢境，覺得有點怪異。因為，現實生活當中，坐落在台北市重慶南路的總統府，是日據時代興建的五層樓的建築，怎麼會夢到搭電梯上去總統府？那「十三」和「十九」是不是有什麼特別的意義？該不會是這一期的大樂透號碼吧？

我不禁覺得挺可笑的。但想著想著，卻出現一個訊息：「天梯。」

「天梯」這個名詞有點似曾相識，好像在電視上看過。我趕緊翻一下民宿周邊景點地圖，赫然出現「天梯」這個景點，而且就在三十公里的距離外，在竹山的山上。

原來，「天梯」是橫跨太極峽谷的一座梯子吊橋，因為我們全家族都沒去過那裡，討論了一下便決定改變行程，去「天梯」一探究竟。

太極峽谷綠蔭悠然、滿目蒼翠，瀰漫著一股神祕幽靜之美。看著這般美景我順口吟了首詩：「靜謐風谷隱山林，一片翠簾襯雲天。瀑影龍泉三色顏，古道幽幽遠塵煙。」只是，由於我們沒有心理準備會走那麼遠的路，風景雖然美呆了，人卻累斃了。原本還能輕快地吟詩，當這一、二千級石階走下來，汗水是用噴的，頭髮濕了又乾、乾了又濕。走了四十幾分鐘，終於看到了指標性的景點——梯子吊橋，「天梯」。過了梯子吊橋，心想沒走到谷底好像有點遺憾，只好硬著頭皮又繼續往下走。

沒多久，來到岔路，看到一個木牌指標，箭頭指著往右——「百年土地公」，路程十分鐘。怪了，在這樣的峽谷裡，怎麼會有土地公，而且有上百年歷史。就在好奇心的驅使下，我想都沒想就往右邊走了過去。

由於腳下都是石頭混著泥土的路，路面高低不平，我很謹慎地沿著山壁走。但走著，走著，感覺似乎越來越奇怪了，因為，映入眼簾的場景是：左邊有水流，右邊是山壁，那山壁下方赫然出現——土地公！

不……會……吧！我的頭皮一陣發麻，不可置信！因為眼前的景象，竟然跟幾年前的夢境一模一樣！我愣了一下，揉揉眼睛，還以為在作夢。

就在當下，我才恍然大悟，這一趟天梯之行，是有一段人神之間的因緣牽引著，或許我就是專程來此，跟這位土地公見個面結個緣吧！

土地公雖然供奉在谷底的石壁下，但佛龕、金爐這些擺設看起來一點也不馬虎。我恭敬地向土地公頂禮參拜，由於家人還在前面等著，一會兒我便向土地公告別，折返剛才的岔路口繼續再往谷底走。

皇天不負苦心人啊！二十分鐘後，終於走到終點的一座吊橋，休息了片刻，見天色不早，只得拖著疲累的身軀和不聽使喚的雙腳，循原路再爬一、二千級石

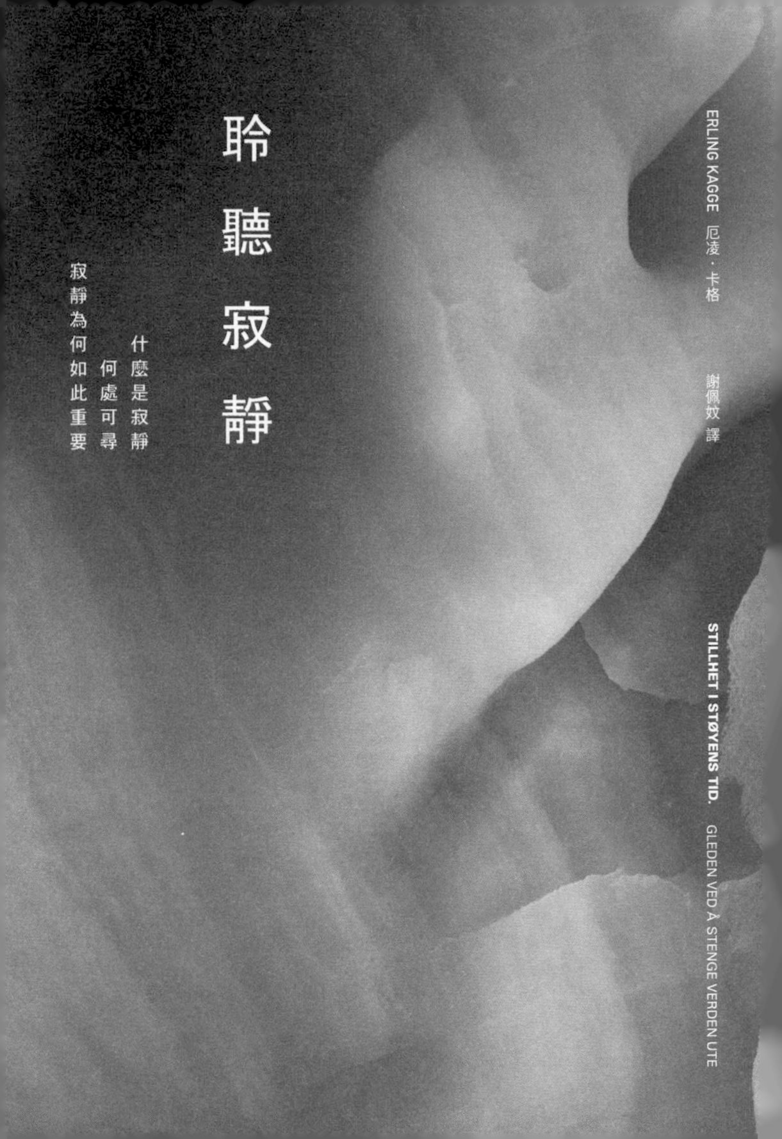

聆聽寂靜

什麼是寂靜
何處可尋
寂靜為何如此重要

ERLING KAGGE 厄凌・卡格

謝佩妏 譯

STILLHET I STØYENS TID. GLEDEN VED Å STENGE VERDEN UTE

論友誼
臉友喧囂的時代，看清友誼，摸清自己
穿梭哲學、藝術、文學、影劇，探尋歷史河流中的友情真相

苑舉正（台大哲學系教授）專文推薦
周偉航（專欄作家）、黃威融（編輯人、作家）、黃益中（高中公民教師、《思辨》作者）、顏擇雅（作家、出版人）一致推薦

蘇格蘭學界最高榮譽「紀福講座」集結成書，挑戰亞里斯多德以降的友誼定義。世上沒有兩段一樣的友誼，也沒有始終如一的自我。每個朋友都是不同的拼圖，結合起來才是你的樣貌。

朋友彼此激勵，同甘共苦，也拓展對方的人生眼界。不同朋友帶來的影響，滲透在我們生活與人格之中。友誼是我們生命中不可或缺的關係，也是許多文藝、影劇作品的歌頌對象。但現代人際互動越來越頻繁，隨著網路時代來臨、社群網站活躍，「朋友」一詞囊括的範圍越來越廣，我們越說不清怎樣的關係才算「真正的」朋友。自古以來，朋友就常伴我們左右，友誼本身卻一直面目模糊，難以捉摸。人為什麼親近朋友、愛朋友？又為什麼疏離、斷絕友情？什麼樣的關係才算朋友？亞里斯多德、西塞羅、蒙田、亞當‧斯密都想定義友誼，說清友誼與人生、社會的關係，卻未曾找到能通行理論和現實世界的準則。到底怎樣的友誼才堪稱理型典範？友誼究竟會將我們的生命帶往何處？

友誼是知名哲學家內哈瑪斯長年關注的焦點，《論友誼》集結其多年研究，以及在世界頂尖大學講課的菁華。他從批判亞里斯多德的友誼定義下手，論述與生動的事例並行，將討論擴展到哲學、宗教、政治、藝術、心理學、經典文學、推理小說、戲劇影視、自身生活，審視友誼在公私領域如何展現，以包羅萬象的素材描繪其複雜形貌。解析友誼的同時，內哈瑪斯也引導我們凝視與「朋友」對應的「我」，探索「自我」豐富多彩的形象。

作者 亞歷山大‧內哈瑪斯（Alexander Nehamas）
美國文理科學院院士，普林斯頓大學卡本特人文學科講座教授，哲學系、比較文學系教授，曾任該校人文理事會及希臘研究學程主持人、博雅教育成員協會創辦理事。著作探討藝術、文學、真實性等主題。現居於紐澤西州普林斯頓市。書籍作品有《尼采：生命之為文學》（Nietzsche: Life as Literature）、《生活的藝術》（The Art of Living）、《本真性的美德》（Virtues of Authenticity）、《只是個幸福的承諾》（Only a Promise of Happiness）等。

定價350元

大塊文化焦點推薦

透視靈間2

從企管顧問公司經營者到通靈人，平易擅長助人解決疑難雜症
透過她詩文並重的溫暖文字，帶領讀者體會修行與信仰的真義

眞正的修行，在日常生活裡實踐，在人情世故裡體驗
在反省跟懺悔中了悟，在挫折與失敗中淬鍊出智慧

本書作者平易，是企管顧問公司的經營者，擅長協助企業主解決問題。她還有一個身分，是仙佛與人之間的溝通者，協助芸芸衆生排解久纏不去的疑難雜症，以及困在心靈的關卡。

因爲文昌帝君的指示，平易開始每週一次在臺中廟裡的聖事服務。來自各地的人到廟裡請求神明指點迷津，有些是因爲事業或運途，有些是因爲生病，有些是來問姻緣，有些是來求智慧……

幾年下來，平易從求助者的身上看到了很多眞實發生的事件；有些引人熱淚、有些發人深省……她將這些見聞寫下，整理出版《透視靈間2》，希望能透過文章來傳達仙佛的智慧，以及她從中領悟的道理。

鏡花水月如煙逝，前世今生緣未止。
聞道思省啓慧智，行善修德要及時。

文昌帝君慈悲而且深具啓發性的詩偈，與平易飽含修爲與正念的文字，讀起來令人感到如沐春風，躁動的心思也跟著平息下來。本書沒有描述精采眩目的通靈技巧，而是致力傳遞更可貴的訊息，那就是正信與善念，讓讀者明白：仙佛不是高高在上，必須花大錢、努力求，才會爲衆生排解困難；而修行也不必捨近求遠、四處追尋，只要在生活當中透過行善、利他、助人，就可從過程中學習處世的智慧，讓生命更圓滿，讓世界更美好。

作者 平易

企管顧問公司經營者。十幾年前突然開始看得到神佛，進而擔任神明代言人的工作。服務的內容多半爲通靈問事，藉此解答困惑、指點迷津。她認爲凡事要抱持著「相信，但不要迷信」的態度，深信修行就在生活當中，行善積德是改變命運的開始。

定價280元

不愛讀書不是你的錯

大人不讀書天經地義，小孩不讀書罪大惡極
獻給不愛讀書的人的一本會愛上的書

「要規定大人絕對不能給小孩你不想讀的書。」
——蕭伯納

街上的書店漸漸沒有人去注意它了，以往愛到書店裡面晃蕩的人們，越來越少出現了。

熱愛閱讀的書店老闆，讓他的小孩召集以往最愛在書店晃蕩的朋友們一起討論，到底大家還愛去書店看書買書嗎？書店老闆準備了許多他熱愛的關於閱讀的名言，期待大家可以跟他一樣感受到讀書的美好，小朋友們卻不一定這麼認為，於是展開了一場穿梭古今的讀書或不讀書的理由大亂鬥。

大人們陳腔濫調，小孩們天花亂墜。
讀書或不讀書，真的是個大哉問。

作者 幾米

繪本作家。幾米是筆名。早年畫插畫時想要掩人耳目（到底……）取了筆名，據說當年深思了兩秒鐘，就將自己的英文名字Jimmy直接音譯，選用他覺得筆畫很好看的「幾」字來取代常見的名字音譯。是台灣人，不是外國人，雖然很多人都以為他住在國外，但其實是長年住在台北的宅男。

雖然大學念美術系，但那時沒怎麼畫畫，到廣告公司上班後，自稱想偷懶用插畫做廣告稿（就不必找嘛斗攝影梳化燈光出外景……），便開始自學插畫。自學過程看了很多國外的雜誌和繪本，幾米覺得繪本實在太棒了，不該只當作兒童讀物，後來出書時便決定要創作給各種年齡層讀者閱讀的繪本。

創作繪本二十年來，幾米創作了超過五十種作品。這些作品被翻譯成二十種外語，在全球有一百八十種外語版本的幾米書籍。幾米的繪本曾被改編成舞台音樂劇、電視劇、電影、動畫，也有VR互動作品。在台北、宜蘭、台南有多處幾米的地景藝術和主題公園，日本大地藝術祭和北阿爾卑斯藝術祭也邀請幾米參展創作。幾米作品得過國內外許多獎項，在台灣、中國大陸、香港、比利時、西班牙、瑞典都曾獲獎。創作二十年來，幾米最感謝讀者的支持，因為讀者的鼓勵，使得他能夠繼續出版新的作品。能夠讓他最愛的畫畫，也得到大家的喜愛，是創作所帶來的最美好的事。

精裝定價480元 平裝定價380元

史上第一位征服三極的探險家，
麼還要探向內心的另一個極地？
音時代裡，把世界關在外面，向內覓得真正的慰藉

磨光我們的耐心、干擾寧靜生活的種種噪音、干擾、簡訊和通
有一個解方：寂靜。何謂寂靜？寂靜何處可尋？寂靜如何打
者以這三個問題為起點，展開一場探險之旅，以自身經驗為
他曾經獨自徒步遠征南極，連無線電設備也沒帶，徹底與世
十天），同時納入諸多詩人、哲學家、藝術家、探險家，甚
家的獨到觀察。

簡潔扼要、處處驚喜的沉思錄中，作者探討了外在的寂靜、
寂靜，以及每個人都應該為自己打造的寂靜。作者指出，寂
能藏身在意想不到之處——舞池上、蓮蓬頭下、音符之間的
長了青苔的石頭。迎向寂靜，就打開了一扇通往驚奇和感激
打開這本書，就能感受到牽引著你的神祕力量。

・卡格（Erling Kagge）
，是挪威探險家、作家、出版人，也是登山家、律師、藝術收藏
錶代言人、三個青春期女兒的老爸。他是獨自徒步穿越南極的
是抵達「三極」（南極、北極、珠穆朗瑪峰）的第一人。2010
一位探險家史蒂夫・鄧肯（Steve Duncan），花了整整五天五
紐約的地下鐵及下水道。《紐約時報》稱讚他「是探險家，也是
精神的哲學家」。偶爾，他會將世界暫時隔絕於外。

Wu（瑜伽老師）、李清志（實踐大學建築設計學系副教授、建築作
（聲音採集師、廣播電視主持人）、許皓宜（心理諮商師）、郭英
、陳彥博（極地超級馬拉松運動員）、焦元溥（樂評家、作家、主
袁（田中央聯合建築師事務所主持人）、詹偉雄（《數位時代》創辦
（作家、節目主持人）聯合推薦

大塊文化新書推薦

飛行家

中國80後最受期待的小說家——台北文學獎、華文世界電影小說獎首獎
華語文學傳媒大獎「年度最具潛力新人」得主雙雪濤最新作品

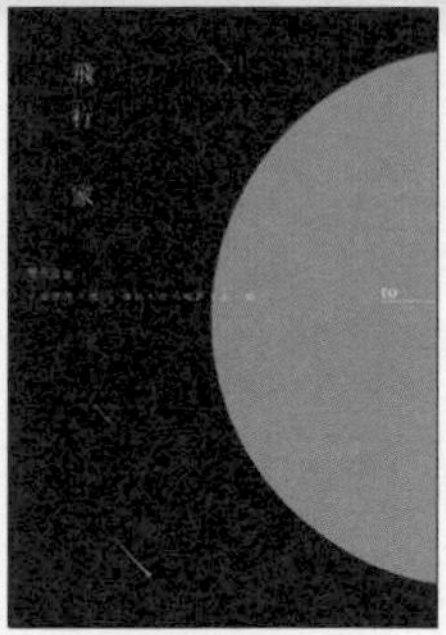

◎ 朱宥勳、李金蓮、馬家輝、陳栢青、盧郁佳、駱以軍推薦
◎ 單向街書店文學節二〇一七年度青年作家獎、《南方都市報》二〇一七年度十大好書、《讀者雜誌》二〇一七年度十大好書、二〇一七年度汪曾祺華語小說獎、豆瓣閱讀網站讀者評選年度中文小說類第四名

我大概聽過一百個人跟我推薦雙雪濤。
—— 陳栢青（作家）

當讀者抵達故事的核心時，他們將收穫的是愛與善，並且有一種暫時與污濁、煩擾的人世隔絕開的感覺，這種萬籟俱靜的體驗會有一種潔淨心靈的作用，這大概正是雙雪濤想要給予讀者的。
—— 張悅然（作家）

男人受雇去刺殺小說家，因爲其小說竟在現實生活裡威脅到雇主的性命。男人找到了小說家，卻被小說家的作品感動……
相依爲命的兄妹倆，意外發現暗殺了他們牧師的人，追隨的過程卻掉進了奇妙的異次元空間……

《飛行家》是當前備受期待的小說家雙雪濤最新小說集，豆瓣閱讀網站選爲二〇一七年中文小說類第四名。本書裡收錄九篇故事，小說家將跳脫現實的情節，放到充滿壓力的現實社會中，讓想像引領角色找到出路，往往在看似無路可出的狀況下，帶著讀者起飛超脫，揮灑出迷魅誘人的感動力。

《飛行家》將寫實與虛構、童話與傳說細密編織，在生存的困頓、人性的困境、命運的困厄裡，加入了天馬行空的張力、以輕御重的彈力、化虛爲實的說服力，故事因而不斷翻轉且閃現著人性的光芒。

作者 雙雪濤

出生於1980年代，瀋陽人，小說家。首位獲得台北文學獎的大陸作家，首位華文世界電影小說獎首獎得主，華語文學傳媒大獎「年度最具潛力新人」。已出版作品包括《翅鬼》、《天吾手記》、《聾啞時代》，和短篇小說集《平原上的摩西》。多部作品已經授權影視改編，本書收入的〈北方化爲烏有〉、〈刺殺小說家〉、〈光明堂〉也均有影視拍攝計劃。

定價380元

你，會長大嗎？

他來，或許只為了陪伴，她來，或許只為了訴說
鬼、魅，或許是愛的寄託和想像，跨越思念的河，安慰著生死兩岸

每天，我們經歷著成長，帶著回憶，努力的活著。無論面對多少死亡，都是似懂非懂地先接住，然後開始無止境的流淚、想念和告別。

直到現在，我還希望著，希望可以在某一刻見到已經去世三十多年的兒時玩伴。

我常常想著，已經在另一個時空的她，會長大嗎？還是、仍是童稚的模樣？

我也想著那些 然而止的生命，許多不認識的人，因爲死亡，去了哪裡？

幸運長大的我們，帶著感謝走進心裡，喚醒流逝的時空，輕輕安慰著在那黑洞裡，一小片被推倒在那些死亡裡的自己，終於放手了。

無邊無形的黑暗、隱匿的一個世界，
就在這本書裡。

一本充滿思念、想像和療癒的圖文書。

作者 李嘉倩（SERA LEE）

曾任護理工作。
現職：自由創作者
97年貓頭鷹繪本比賽第三名
96年台南縣政府南瀛獎繪本組評審推薦獎
96年蓮花基金會生命達人圖文創作組佳作
95年信誼兒童文學獎圖畫書組入選
95年貓頭鷹繪本比賽佳作
95年dpi雜誌創意達人比賽佳作
95年桃園縣兒童文學協會繪本比賽佳作

定價280元

改變每個人的3個狂熱夢想

如果沒有人落在貧窮線以下、如果每個人一週工作15小時、
護照與簽證。這些夢想為什麼是問題的解方，以及如何實踐

江明修（國立政治大學社會科學學院院長）
糕腦闆）、沈雲驄（早安財經文化發行人）
長）、范雲（社會民主黨召集人）、徐萍（
Pacific創辦人）、許毓仁（立法委員）、張
家）、黃益中（高中公民教師、《思辨》作
學哲學與生命教育系所教授）聯合推薦

真正的進步需要一個東西，是知識
就是對於何謂美好生活所懷有的智

所有進步都是這樣開始的。我
界，就必須不切實際，不講道
初那些呼籲廢止奴隸制度、主
同性婚姻的人也都曾經被貼
過，歷史終究證明了他們是對

在本書裡，荷蘭年輕的歷史學者羅格．布雷格曼也提出了
夢想：1. 爲每個人（不論貧富、年紀）制定一個能夠保
件（沒有審查、無強制工作）的全民基本收入（Univers
將每週的工作時間縮短至15小時；3. 開放國界，人們可
地方。

在貧富之間、在爛工作與美好工作之間的差距日趨擴大
都是在談論個人、社會和世界資源的重分配。全民基本
而成爲歐洲先進國家正在推行的社會實驗，成功的案
對當前世界的動盪與不公，政府或政黨也無法規畫我
圖引導讀者重新思考：成長是什麼？進步是什麼？或
什麼爲人生賦予眞正的價值？如果你不願被活埋於垃
人生自主權，如果你想看見一個沒有貧困、更公平的
到，那麼本書即是爲你而寫。

作者 羅格．布雷格曼（Rutger Bregman）

歷史學家、作家、記者，歐洲最著名的年輕思想家之一
烏得勒支，目前已出版四本研究著作。在一個十分受到
「記者」（De Correspondent）上撰稿，在此平台上所發
聞獎（European Press Prize）。

定價380元

為
在
面對
知，
造？
經緯
隔絕
至創
在這本
內在的
靜也可
停頓、
的門。

作者 厄
1963年
家、勞
第一人，
年，他和
夜，深入
個充滿探
定價320元

伍立人Dan
家）、阮安
聲（攝影家）
持人）、黃
人）、謝哲

階上去。

現在回想起來，不知那時候是怎麼走回車上的？但這趟旅程相當值得的是，讓我了卻一樁跟土地公的因緣。幾年前的夢境，幾年後卻透過另一個夢境的牽引來實現，這冥冥之中的因緣變化，可真是微妙極了！

林太太的西施犬

（台語）奔來走去心驚驚，
因緣牽絆未順安。
一念虔誠祈神恩，
福德作主得圓滿。

一大早就接到林太太打來的電話，電話那頭的語氣著急又惶恐。我一面安撫她，一面問她到底發生了什麼事，讓她這麼著急？

結果，你猜怎麼著？

原來是林太太養了好幾年的西施犬——露西不見了！

林太太說，前天晚上，女兒帶著露西去散步，沒想到露西竟然走失了。她們全家人出動，在公司周圍十公里內地毯式搜索，依舊遍尋不著，林太太全家因此陷入愁雲慘霧當中。尤其是她的女兒，整夜無法入睡，雙眼哭得又紅又腫，因為這隻露西陪伴了她好多年，是她疼愛的心肝寶貝。

兩天下來，林太太一家人吃也吃不下、睡也睡不好，他們到處張貼尋狗啟事，希望撿到狗的善心人士能把露西送回來。

今天一早，林太太到田寮非常著名的大南天福德祠去跟土地公拜拜。她說，這位土地公就像她的長輩一樣，十幾年來保佑她的家人平安、公司生意順利，十分靈驗。所以，她今天趕快去拜託土地公幫她找露西，她跟土地公祈求之後連續擲了三個聖筊，土地公有答應幫助她了。但是，顯然她還是不放心，所以才會大清早打電話來，講話沒頭沒尾的，只說狗不見了，拜託我到她公司，幫她「查一下」狗到哪兒去了？

聽到她這樣的說法，我倒是愣了一下？狗不見了，怎麼會來找我呢？我委婉地跟林太太說，我不是不想幫妳，只是我從來沒試過運用「感應力」來尋找遺失物。

心急如焚的她似乎沒聽進我講的話，像連珠炮般自顧自地訴說露西對她全家人的重要性，以及他們有多麼傷心……等等。她千拜託、萬拜託，請我無論如何當天一定要去她公司一趟，多晚都沒關係，他們都願意等。

我那天的行程很滿，直到傍晚才到她公司，走進辦公室剛坐下來，她就趕緊拿出懸賞一萬元的尋狗啟事給我看，上面有露西的照片。

當我靜下來幫她感應時，我看見的畫面裡有一間房間，露西就在裡面，但後邊不遠處站了一個樣貌向外籍人士的人。

由於不久前我才聽聞有客戶工廠的外籍勞工宰殺流浪狗烹食的事件，我心想這兩天正好寒流來襲，有些人會在天冷時吃狗肉進補，搞不好露西可能已經變成了餐桌上的佳餚。

這時候，林太太說土地公有答應要幫她找露西回來，她拜託我幫她向土地公「確定」一下。

當我幫她請示土地公時，我在紙上寫下土地公告訴我的詩偈，最後一句竟然是「七日見陽天」，也就是說，土地公指示，七天內會把露西找回來！

當下我是有點詫異的。我心想，這隻狗搞不好已被人吃下肚了，土地公您老人家一定要搏這麼硬嗎？現在已經白紙黑字寫成這樣了，如果到時候沒有兌現，您老人家的神威不就要「落漆」了嗎？

我帶著心裡的狐疑回到家裡，進門後就直接走進佛廳拜拜，我向家裡供奉的文昌帝君請示，這隻狗真的會找回來嗎？

帝君只有告訴我：「這件事你無須再介入，土地公自然會做主的！」

不知不覺之間，日子一天天地過去，算算時間，七天都要過了，還沒聽到林太太的消息，我以為土地公這次可能失準了，也不好意思打電話去問林太太。

沒想到，第八天一大早，林太太竟然打電話來答謝，說是前一天晚上十點多，露西真的找回來啦！我滿腹懷疑地問她：「妳快說是怎麼一回事。」

林太太說，露西是被她公司附近的一位小姐撿到。那位小姐的媽媽身體不好，她請外籍看護在照顧著，撿到露西之後，她就把露西送去台南娘家陪她的媽媽了。

原來是這樣啊！難怪我會在感應當中看見露西在一間房子裡，後面還站著外籍人士。

後來，因為林太太貼的尋狗啟事被這位小姐的朋友看到，她的朋友告訴她，她撿到的這隻狗很像是林太太家走失的。這位小姐猶豫了很久，拗不住良心的煎熬，終於在第七天晚上打電話給林太太。她電話裡問了露西的特徵，著實跟林太太描述的絲毫不差，最後，她終於請林太太來帶露西回去。林太太一家人欣喜若狂，對於失而復得的露西更是加倍地疼愛哩！

這次土地公可說是大顯神威，真的七天就把狗找了回來。我心裡頭相當佩服，但也對土地公有點不好意思，因為我一開始對祂老人家的指示抱持保留態度。

這起「土地公協尋失蹤狗」的事件，相當有趣，但也給了我們一些啟示：人有人的思想，對於許多未知的事，我們還是習慣用自我的認知來判斷，縱使身為通靈者有時也是一樣，因為很容易陷在自己的執著裡。

看到林太太一家人失狗復得的幸福喜悅，我真的很替他們高興，更加佩服土地公的神威靈驗啊！

鬼月異事

（台語）一片風雲遮眼簾，
烏暗風淒鬼在前。
心驚無言挫勒等，
玄天上帝救苦難。

農曆七月是民間俗稱的「鬼月」，佛教稱作「孝道月」。從七月初一鬼門打開開始，眾家阿飄好兄弟們會有專屬於祂們的一個月假期，讓祂們來人間遊歷一番，因此關於鬼月的民間傳說跟禁忌都相當多。就在鬼月裡，家齊突然生了一場病，病是好了，體力也逐漸恢復了，但這次驚異的遭遇倒是教他餘悸猶存。

話說，這日家齊突然感覺全身無力、四肢發軟。由於體溫升高又伴隨著筋骨痠痛，他想，最近南台灣登革熱的疫情爆發、蔓延，雖說他不記得有被蚊子叮咬，但身體這般不舒服，還是大意不得。平日甚少生病，一年用不到幾次健保卡的他，趕緊乖乖去醫院就診。

看完醫生，證實不是登革熱，家齊心裡頭鬆了一口氣。回到家，趕緊把藥給吞下肚，希望身體早點舒坦。但隨著體溫飆升、全身筋骨痠痛不已……家齊躺在床上，感到相當不舒服，他翻來翻去的，時而昏睡，時而寤寐似醒，總之，混混沌沌地躺了一下午。

就在昏昏沉沉、似睡非睡之間，他夢到自己在空地上遊走，這時候，忽然有幾個流氓圍了過來，不懷好意地看著他。面對這般景象，敦厚斯文又手無寸鐵的家齊，心中不禁驚恐了起來，眼看著他們越走越近……家齊全身寒毛豎起、冷汗直冒，緊張得不知如何是好。

就在危急之際，突然一道金光出現，震懾了在場的流氓，家齊仔細一看，原來是玄天上帝駕到！

說到這位大名鼎鼎的玄天上帝，掌管北極星，是統治天界的帝王。相傳，玄天上帝是專門鎮伏妖怪的神祇，道教寺廟裡常見的玄天上帝神像的特色是：右手持著一把北斗七星劍；光著腳，右腳踏著一條蛇，左腳踩著一隻龜，相當威風凜凜。

傳說，在明朝末年，朱元璋因為戰敗倉皇逃到武當山，他來到一座荒廢許久的玄天上帝廟前面，眼見敵軍已經從後面追趕而來，朱元璋急忙地撥開蜘蛛網，躲進廟裡避難。他對著玄天上帝的神像祈禱，請求神明解救他。說也奇怪，突然之間，蜘蛛網竟然重新張開，把朱元璋遮蔽起來，幫助他逃過一劫。後來，當朱元璋順利登基成為皇帝時，為了報答玄天上帝的救命之恩，不僅改建曾經庇護他的廟宇、重新雕塑神像，並且賜贈題有「北極殿」的匾額，封祂為「玄天上帝」——所以後人都俗稱祂為「上帝公」。

不知道是不是看到救星太感動了，還是跟這位神明有特殊因緣，家齊竟然躬身作揖，不由自主地從口中說出「師尊」二字，然後淚流滿面、不能自已。

此時，玄天上帝正氣凜然地對著這幾名流氓斥責道：「你們幾個應該要去行忠孝仁義之事，怎可在此魚肉鄉民？莫要待我收拾，還不趕快退下！」

那如洪鐘清響的聲音一出，只見這幾個流氓，一致兩手抱拳，躬著身口稱：「遵命。」然後便趕緊退去。家齊見狀一陣歡喜，想要上前向神明答謝時，那神明的影像卻消失無蹤了。

整個下午昏睡的時間裡，這個夢卻不斷地重複，這讓平時甚少作夢的家齊，感到相當的不可思議。當天晚上，不知道是醫生的藥效力發揮了，還是北極玄天上帝的神威顯靈？總之，家齊還真的就退燒沒再發起來了。

兩天之後，家齊來到了台中廟裡拜拜，當廟裡的老師在為家齊收驚時，問了家齊何時有經過陰廟？因為老師發現家齊身體有受到陰煞的影響。家齊心頭一驚回想起來，果然，他在發燒前一天從客戶工廠離開後，的確是經過了一大片俗稱「夜總會」的墳墓區之後才上高速公路，而那裡確實有俗稱「萬應公」或「百姓公」的陰廟。

老師說，家齊因為工作勞累，原本就有點中暑跟感冒，再加上正值農曆七月又經過陰地、陰廟，身體受到陰氣的衝擊、擠壓，才會這麼嚴重。

休息了一天，恢復體力的家齊，生活依舊忙碌，但是他心裡卻懷著一個疑問，因為他從來沒有去過祀奉玄天上帝的寺廟拜拜，不知為什麼這次是這位神明來解救他？夢裡他稱呼玄天上帝為「師尊」，這是什麼樣的因緣呢？家齊想了又想還是沒有答案，沒想到，這個謎底在幾個月後揭曉了！

隔年的農曆三月初三，正好是玄天上帝的聖誕。這日晚上，我偕同家齊來到了蓮池潭附近一間百年歷史的元帝殿拜拜，這裡供奉的主神是就是玄天上帝。拜拜完，準備離去時，我突然想起去年家齊發生的那起跟玄天上帝有關靈異事件。我突發奇想，去年為家齊解圍的那位玄天上帝會不會就是高坐在正殿上的這位呢？

家齊聽到我這樣說，就趕緊從供桌上拿起了筊杯請示，只見筊杯在地上叩、叩、叩地擲出了三個聖筊，證實了這件事。家齊心裡頓時湧上一股暖流，他熱淚盈眶地趕緊跪拜答謝，感謝玄天上帝的解救之恩！

家齊這個玄奇又靈異的經驗，不僅見證神明的慈悲，也為台灣民間的鄉野傳說再添一樁呢！

一死百了嗎？

分分毫毫秒不差，
生生死死如煙花。
幽幽盪盪何處家，
反反覆覆念猶掛。

我之前曾看過一齣非常熱門的電視劇《瑯玡榜》！

在《瑯玡榜》第三十八集中，懸鏡司的首領夏江，把江左梅郎梅長蘇抓進懸鏡司裡頭威逼拷問。在那驚心動魄的對峙之中，夏江講了一句經典的台詞，讓人記憶深刻！他一再地提醒梅長蘇要記住：「人死了，就什麼都沒了。」意思是叫他識時務者為俊傑，留得青山在，不怕沒柴燒。

但是，現實生活中，人死了就真的什麼都沒了嗎？看看阿吉的長輩的故事，可能跟我們想的不太一樣喔。

一個週末的晚上，餐宴當中，我就坐在阿吉的對面，我們一邊吃飯一邊聊天。這時候，我隱約看見阿吉背後有一道虛無縹緲的身影。咦？那不是阿吉的一位親戚嗎？這位親戚不是已經過世很久了嗎？

我說，喂！阿吉，你那個過世的阿伯跟在你後面喔。

只見阿吉一臉愕然，捧著碗筷正在扒飯的手瞬間停在胸前，不知如何是好。奇怪的是，祂怎麼看起來只有「一半」啊？聽到我這樣問，阿吉臉上三條線，嘴巴張得大大的，神情更是茫然。

這時候，我突然想到幾年前，某次颱風之後的一場土石流，沖毀了新竹地區的幾座墳墓，阿吉的這位親戚好像也是葬在那裡。

我問阿吉說，上次被土石流沖走墳墓的那位親戚是這一位嗎？阿吉一想，還真的是這位親戚。

阿吉告訴我，當時因為颱風的外圍環流造成傾盆豪雨引發土石流，土石流沖毀了郊區的七、八座墳墓，埋在墳墓裡的先人屍骸曝露在外，到處散落。

這些先人的後代子孫們冒著風雨，沿路撿拾祖先們的遺骸。但由於骨骸混雜，根本無法區分，最後只得把所有撿來的骨骸集中，然後讓每戶各分一袋骨骸帶回去安奉。

聽到這裡，我就知道阿吉親戚來跟隨的用意了，應該是想要拜託阿吉幫祂做點事吧。

幾天之後，阿吉來到了廟裡，祈求文昌帝君作主，超渡這位親戚。空間裡，只見阿吉這位親戚的靈魂充滿著驚慌不安，顯然是無法接受這樣的變故。文昌帝君告訴祂，這一切都是因果業力所致，請祂接受這樣的事實。接下來，帝君用三十六朵蓮花化做祂的三百六十五個骨節，讓祂的靈魂得以依附，不再飄蕩不安。

看到這樣的儀式讓我想起《封神榜》裡面的一則故事。

話說，哪吒打死龍王三太子，還抽了他的龍筋，因此闖下大禍，最後哪吒只得削去自己的骨肉還給父母。後來，哪吒的靈魂在翠屏山顯聖，十分靈驗，當地的百姓還為哪吒建廟奉祀。沒有想到，哪吒的行宮卻被李靖命人破壞、焚毀。憤怒又無助的哪吒來到金光洞找他的師父太乙真人，太乙真人施法術用蓮花作為哪吒的化身，讓祂藉以還魂……這就是哪吒太子又被稱為「蓮花太子」的由來。

雖說蓮花太子的故事算是神話，但從阿吉親戚的事件看來，這因果業力的作用確實可怕。阿吉親戚的骨骸被土石流沖走，造成祂的靈魂也無法安穩；人活著的時候受到業力的影響，死了以後似乎也不能倖免。

那麼，人在生命走到最後的當下，不知道是什麼樣的情況？

畢竟，要離開「住」了幾十年的地方，還有「用」了幾十年的身體，心情想必是極為複雜吧！有苦痛，有惶恐，有錯愕，有無奈，有眷念，有罣礙，有不平……

因此，人有信仰是好的，因為人生的道路坎坎坷坷、崎嶇不平，必須為了生活打拚奮鬥、勞苦身心，當面對生活的苦難，或者對未知的事物感到茫然無助時，宗教信仰就是一個精神寄託，可以幫助人勇敢地去面對困境，解決問題。

而就算走到了人生的盡頭，宗教信仰還是扮演著很重要的角色，可以幫助人用比較坦然的態度面對死亡，在最後的當下，憑藉著對仙佛的虔誠獲得庇佑，能夠順利地往生仙鄉淨土，讓靈魂不致於縹縹緲緲，無所歸依。

這個世界每分鐘都有人死去，有些人不想活了，鬧自殺，或真的走上絕路結束了生命；有些人是生了重病很努力地想活下來，偏偏難以如願，被病痛折磨得不成人形才嚥下最後一口氣；有些人則是安安穩穩度日卻不知死之將至，遇上突然發生的災厄就被奪去了生命；還有些人則是渾渾噩噩地過了一輩子，臨死前才發現很多事情還沒去做……

總之，人從一出生就開始在倒數計時了，不管是幾十年或者是上百年，「時間」到了，就是要跟這個人世間說再見，不管用什麼形式告別，終究是走了。套句夏江的話：「人死了就什麼也沒了。」這時候，回顧自己的一生，是庸庸碌碌？還是平平凡凡？是功成名就？還是惡名昭彰？那數十年的人生歲月裡，除了金銀財寶、土地房產，到底留下了什麼？

有句保險公司的廣告詞說：「明天跟無常，不知是哪一個先到？」想來，人生的造化瞬息萬變，難以掌握。既然是這樣，如果不想虛度生命，還是應該盡早做些「規劃」。這「規劃」不是叫你買保險，而是趕快趁手腳還靈活時，多做一些有益身心的活動；也要趁著腦筋還靈活，多看多讀一些善知識，增長智慧；更要趁著有限的人生，多多去做一些行善積德，利益他人的事。而不要把倒數計時的光陰，耗費在爭名奪利，或者是計較、怨恨、不平裡面。

有限的人生應該要盡量累積正面能量。因為隨著累積的福分越來越多，智慧也就增長、開通了許多。隨著智慧的開通，心情越見平和，煩惱執著就越來越少。

當日後走到人生最後一刻時，就能夠自在祥和地面對，把這些善功福德、這些善知識統統帶走。相反的，如果今生都是在做壞行惡，在埋恨、嗔怒、哀怨、不平的情緒裡……到時候，這些情緒跟因果業力也是裝滿了行囊，帶到下輩子去。

那麼，想想，人死了真的就什麼都沒了嗎？

別傻了！就算死了，事情可還沒結束勒。因為只是同樣的東西帶到另外一個開始而已，一切可由不得自己啊！

黃昏之戀

道是紅塵有情事，
前世今生逢錯時。
回首雲台心歸處，
明月星空笑伊癡。

一如往常，我在廟裡打坐完畢，起身便走向廟裡執事的桌子前面坐了下來，準備開始今天晚上的濟世服務。

排第一位的信眾是個年約五十幾歲的婦人，濃妝粉施的臉龐加上時髦的穿著，看起來比實際年齡年輕。她說她是聽朋友的介紹第一次來到廟裡問事，我看她勾選的項目是要問婚姻跟運途。

拿起她的資料感應完，從文昌帝君降示的詩偈看來，她的姻緣徘徊在十字路口，正面臨兩難，不知如何是好。聽我解釋完詩偈的意思，婦人頻頻點頭稱是，又迫不及待地問我，那她該怎麼辦？到底該選誰才好？

她說她目前有一位同居、交往了十幾年的男朋友，本來也還算穩定，只是沒有想到，年初時，她又認識了一位企業家。她跟企業家情投意合，戀情發展迅速。但麻煩的是，這位企業家是有老婆的人，換句話說，她成了別人口中的「小三」。這陣子以來，因為夾雜在兩個男人之間，不知如何妥善處理這場情感糾葛，實在是令她的身心快要操煩死了！

她今天特地來祈求瑤池金母、文昌帝君發發慈悲，指引她，讓她知道應該要選哪一位比較好？

蝦咪！連這種問題也能問嗎？

諸位讀者，您可別懷疑啊！這幾年來，我在廟裡碰到信眾提問的問題五花八門，什麼都有，有些人還會追問到讓人啼笑皆非、無言以對的地步。

我很慎重地拿起掛號單上寫的兩個男人的資料請示帝君之後，抬起頭告訴她：

「師姐，帝君說，現在跟妳同居的這個工程師不是不好喔！只是妳心裡頭莫名地對他沒有安全感；而妳另外喜歡的那位董事長，他目前並沒有跟老婆離婚的跡象喔！」

婦人聽到這裡，眉頭深鎖、臉色一沉，竟然著急起來。

她眼神殷切地看著我，以焦急的口吻對我說，老師！老師！拜託您仔細再跟母娘還有帝君請求啦！請祂們查對仔細一點啦，給我指引一條明路，到底我應該跟誰在一起比較好啦？

廟裡問事是這樣的，因為通常一個晚上要看二、三十個人，有時候甚至更多，如果其中有人問得太久，那後面的人可能會不耐久候，頻頻走來前面打探跟關切。

眼看婦人已經問了一、二十分鐘，但是她無視於後方等待的人群，仍然不斷重複地問我，她到底應該要跟誰會比較好？

我告訴她，目前跟妳同居的工程師不是不好，只是個性比較木訥老實，也比較不積極。妳應該要想想，自己為什麼對他沒有安全感啊？是他錢賺的少不夠妳花？還是有什麼缺點？或是相處上有什麼問題使得妳沒有安全感？

而另外那位董事長，我也有幫妳跟神明請示過了，他是不會跟他老婆離婚的。如果妳一定要跟他在一起，就要有心理準備，只能做「地下的」，說白一點就是只能一直當「小三」啦！如此一來，妳可能會遭遇法律問題、輿論壓力，甚至人情冷暖，以及心境感受……等等問題，妳自己可要想清楚啊！

婦人跟我盧了半個多小時，還是不斷地強調希望神明指點她，幫她決定要跟誰會比較好。眼看排在她後面等著請示的信眾已經開始議論張望，我只好告訴她：「師姐，我剛剛已經幫妳請示神明也分析給妳聽了喔，因為是妳要跟他們逗陣的，不是瑤池金母或文昌帝君要跟他們在一起，所以妳要自己決定喔！神明只能提供妳意見參考，不能叫妳一定要去跟誰交往啦！」

或許是看到周邊有人在走動議論，也或許是聽到我這樣說，最後，婦人只好面帶尷尬又一臉悵然地走到旁邊，接著就轉身離開廟裡。我想，或許她會因為我沒有給她想得到的答案而感到些許的失落吧！

聽說，「遇到感情的問題時，十八歲跟八十歲的人，反應都是一樣的。」從婦人的例子看起來，還真是貼切。婦人把她自己的感情歸宿選擇權，交付給神明，但她忘記了，不管神明教她怎麼選擇，還是她自己要跟感情對象生活啊！

你看，全台灣有那麼多大大小小的佛寺、宮廟神壇，每間都有他們的信眾朝拜集聚，那就表示，信仰確實能夠帶給人們精神上的安定力量。

但是，在虔誠信仰的同時，人們經常會把自己已經想好的決定交給神明來背書，並且期待從神明這裡得到支援、肯定自己想法的指示。但人們往往忽略了自己應該要有面對問題跟解決問題的智慧，而只是一味地希望神明給答案。

俗話說：「靠人人跑，靠山山倒，靠自己最好。」喔！照這樣的說法，那人還需要倚靠神明嗎？

倒也不是這樣。信仰應該是一個精神支柱，是一股安定精神的力量，但是不能用來主導我們的生活，我們還是應該回歸現實面，要從日常生活的待人處世、應對進退去學習跟修正，這樣才能隨著歷練成長，進而提升自己的智慧！

苦境

（台語）抬頭看天頂，
烏雲遮一平。
全心寄望神，
艱苦困心情。

晚上十點多，林太太的身影出現在廟裡，她行色匆匆，神情帶點焦躁，一如先前的模樣。

林太太原本經商有成，家境富裕、生活闊綽。但是人生的風雨似乎說來就來，林太太的子女竟然侵吞她的財產，讓她的世界一夕之間從雲端掉到了地獄。俗語說：「福無雙至，禍不單行。」緊接下來的幾年裡，林太太又面臨官司跟債務問題的糾纏而心力交瘁。

或許是命運使然，或許是個性問題，林太太就像著了魔似地——用台語那句「人講講不聽，鬼牽憨憨行」來形容她還滿貼切——到處求神問卜，又是祭改、又是轉運化解……那原本就吃緊的財務更是雪上加霜，幾乎朝不保夕。

已經有一段時間沒見到林太太了，今日她又出現，原以為她的情況有了好轉。沒想到這段時間內，竟然發生更大的問題，她只好又慌慌張張地跑來廟裡求助。林太太是個很信神的人，自從發生了這麼多事情之後，六神無主、驚慌失措，只好到處求助宮廟神佛，希望仙佛能夠給她指引一條明路。

林太太的親朋好友們也很熱心地介紹靈驗的宮廟跟厲害的老師給她，期待能幫她指點迷津、消災解厄。但是，人在運勢低下的時候，腦筋往往無法冷靜思考，也沒辦法做出正確的判斷，這樣更會導致自己的處境陷入泥淖，無法自拔。

你猜怎麼著？人在走衰運，連帶著家裡的神明也跟著遭殃！

林太太的朋友介紹了一位大師來幫她看陽宅風水，大師見到佛廳神桌上的三尊神明，就告誡林太太說，神明只要安奉一尊就好，另外兩尊不要再拜了。

林太太聽大師講得口沫橫飛、振振有辭的，似乎也有些道理。她開始回想這些年來，拜神拜得這麼虔誠，但神明好像沒有保佑自己，現在她過得這麼慘，親人反目、家不成家的，神明又沒幫上忙……一下子，林太太把自己的苦難遭遇全部怪罪神明，後來她就遵照大師的意見，把兩尊神明收起來。那兩尊可憐的神明，就這樣被束之高閣、打入冷宮啦！

看到這裡，你覺得林太太的情況會因此而變好嗎？

答案當然是：不會！

人生的不幸難道統統都是神明沒幫忙所造成的嗎？難道跟自己的思維想法、所作所為沒有關係嗎？

不管是信基督教、天主教或是佛教、道教……等等都好，人們為什麼要有信仰？信仰的目的到底是什麼呢？

信仰是一個精神支柱跟依靠。因為人生的道路上，坎坎坷坷、高低起伏，充滿著各種不同的考驗跟折磨。當我們遇到低潮，遇到茫然，或是面臨抉擇不知所措時，因為有信仰，會讓人心靈有所依靠，進而產生信心跟希望，幫助自己面對困境，走過坎坷，邁向光明。

但是，信仰絕對不是有求必應、神奇速效的。對於宗教，迷信的人太多，像林太太這樣祈求神蹟顯現的人比比皆是！

神明好像是最廉價的保險員，永遠不准請假還要有求必應，不僅要有求必應還要萬事掛足保證，不只萬事掛足保證還要在時效之內完成。在講究績效的時代裡，信徒也是給堂上的神明打考績的，我今天求了祢幾件事，幾天之內就要看到「效果」。

但人生怎麼可能每件事都盡如人意呢？最後，街頭巷尾就出現了許多流浪的神明神尊，某些專門收容流浪神明的宮壇，還出現「神滿為患」的情況。這些神明本來在信眾的神桌上被好好地供奉著，最後淪落到被收容，原因就出在拜祂們的人認為祂們「不夠力」啊！

想來也為這些落難神明掬一把同情的眼淚，到底是因為祂們「不夠力」呢？還是因為人心是善變、盲目的呢？

人們向神明祈求的項目那麼多，既要身體健康，又要財源廣進，還要妻賢子孝，並且四季無災……既然要的那麼多，不知道自己做的有沒有那麼多啊？

俗話說：「靠人人跑，靠山山倒，靠自己最好。」

神明就像長輩一樣，你拜祂信任祂，當遭遇困難、感到茫然時，自然會想要祈求神明幫忙。但「神通敵不過因果」，這「改善」的成效還是要看自己努力的程度，以及福德業報，千萬不要妄求速效而陷入迷失。因為，改變心念跟廣積福德才是王道啊！

廟裡的師父苦口婆心地規勸林太太不要隨便聽信神通胡亂瞎搞，與其一再地怨天尤人，反而應該要回歸到現實面，用謹慎的態度去因應現況，認真地開源節流、謀求改變，才是幫助自己振作起來的正確作法。

夜深了，離去之前，林太太一臉茫然，愁苦地流著眼淚，她對著堂上的神佛訴說自己過得好辛苦。看在眼裡，我們真的很同情她，也默默地祝福她能夠早日苦盡甘來。

文昌帝君曾經說過：「心中的苦是智慧的根。」人生之中有各種不同的苦，求之不得是苦，得到了怕失去是苦，生離死別也是一種苦。苦！苦！苦！那麼多的苦，那不是一輩子都苦不完了嗎？那豈不是要「挫勒等」了嗎？

千萬別這麼想啊，因為所有「苦」都是來自於執著不放，都是自己心境所造成的！這些來自己心裡的「執著」導致自己很苦，當我們被苦折磨了一段時間之後，才發現執著很苦、心很苦，就會開始探索讓自己苦的因素，以及尋找不苦的方法。於是乎，智慧就這樣漸漸地成長了。

隨著智慧的增長，慢慢地放掉執著，如水一般，因應隨順、廣納包容，漸漸地，漸漸地，心境的起伏跟欲望的企求就會越來越少。當欲望、企求越來越少時，心境也比較能知足常樂、隨遇而安。

當日後再遇到不順遂或逆境時，就比較能夠以平常心去面對、去處理。這樣，不就可以苦盡甘來了嗎？

看見自己

（台語）心頭戚，不由己，
握手原來空無一。
足踏跡，亂凄凄，
行步走來磨志氣。
雲撩起，現光徐，
法味心中知道理。
路遙依，悟了義，
無言無語道焉知。

整理書桌的抽屜，無意間翻出一張泛黃的紙，我以潦草的字跡在紙上寫了這首詩，書寫幾年前某一個時間點的心境。現今看起來，依舊覺得感觸良多。

回想當時的情況，真的是屋漏偏逢連夜雨，慘不忍睹！那時候遭逢金融海嘯，事業陷入了前所未有的低潮。接著又碰到父親因為癌末折磨了幾個月後過世；不到三年的光景，母親也意外驟逝了……短短的幾年之間，經歷了人生的幾個巨大關卡，加上兩位至親過世，對自己的打擊真的相當大。

雖然知道人生沒有不散的筵席，也知道生離死別是人生必經的過程，但是在真正經歷的時候，心情還是百味雜陳，不明所以。因為，我們畢竟是人，是有七情六慾的，也就因此受到牽掛跟影響。

想來，人生的緣起緣滅、分分合合，每一個會聚，就像打水漂一樣，每個小石子投入水中，咚一聲，就激起一圈圈的漣漪。

但人生的因緣，終究是無法長久的，因為，當生命到了盡頭，真的是不分貧富貴賤，人人平等。

前幾天去靈堂向一位客戶上香，這位董事長八十幾歲，前陣子因為身體沒力而感到不適，去醫院就診，一檢查起來，竟然是癌症末期。

但是令家屬感到不解的是，董事長都沒有什麼其他的病徵，身體也沒有其他的不適。一個月後，董事長出院回到家中，女兒們決定告訴他真相。沒想到，董事長聽完，只有神情淡定地問了一句：「有救還是沒救？」女兒回答說：「醫生說沒有救了……」董事長喔了一聲，只交代女兒說：「那就要卡緊ㄟ……」

在往後的幾天裡，董事長的親戚跟商界的老友們陸續來訪，女兒、女婿跟孫子們則是隨侍在側，家裡頭好不熱鬧，氣氛相當的溫馨美滿。連董事長在美國的胞弟也大老遠地搭飛機回來看他，兄弟倆很多年沒見面了，當下的場面熱絡而且感人。

這一天，來訪的人潮散去，董事長的女兒問他，這輩子有沒有遺憾？操著沙啞虛弱的聲音，董事長堅定地告訴女兒：「我感覺我這世人真好，沒有遺憾！」

隔天下午，帶著滿足的微笑，董事長往生了。他就像是睡著了一樣，臉色紅潤圓滿，一如生前的慈祥。套句一般人的說法，這樣沒有痛苦的走，真的是很有福氣。

董事長過世了，但看到他沒有受到病魔的折磨跟摧殘，能夠清醒從容地跟大家交代話別，家人縱然有萬般的不捨，感傷的程度也因此減輕不少！

這位董事長是一位很有福德的長者，他一生勤勉務實，待人處世仁德而且寬厚，所以他能平和沒有痛苦地走向下一個旅程。

董事長沒有兒子，但是他絲毫沒有怨言，反而為女兒們的貼心感到驕傲，女兒雖然都已經出嫁，但大都在自家的公司分工合作、共同打拚，女兒們經常陪著父母聊天聚餐，女婿們也各個有事業跟才幹，而且跟著女兒一樣孝順，讓董事長很是欣慰。董事長這一生跟家人朋友之間的因緣，也算是圓滿的畫下了一個句點，真是令人感動！

人生就是這樣，再怎麼捨不得的人還是會分開；再怎麼對你不好或令你討厭的人，終有一天也是會離開。

那麼，還是應該珍惜每個當下吧！

不要懷抱著怨懟跟仇恨過日子，因為憤憤不平的心使人血脈賁張，氣血不順，也妨礙了身體的健康。

對我們好的人，感謝他；對我們不好的人，原諒他、祝福他。

每天臨睡前，都感謝老天爺的保佑讓我們平安，畢竟平安就是福！也感謝今天碰到的人事物幫助我們成長。

如果可以每天都懷著感恩的心跟和善的態度來對待周遭的人事物，常保愉悅的心，多存好心、多說好話、多做好事，身體自然就會輕鬆健康了起來，這樣不是很好嗎？

蠍子過河

風轉雲不散，
氣轉心不亂。
人算不如天，
好壞皆因緣。

河岸上，有隻蠍子窸窸窣窣地爬了過來，走到水邊卻停在那張望。這怎麼著？原來是蠍子想要過河，但是牠不會游泳，過不了河。

蠍子四處張望，突然看見河中有隻烏龜，正悠閒地划著水。蠍子拉高了喉嚨吆喝：烏龜兄，烏龜兄……

烏龜問牠：「你叫我嗎？啥事啊？」

蠍子一臉哀求的模樣，告訴烏龜，牠要過河到對岸去，可是牠不會游泳，怕會淹死，想請烏龜幫個忙揹牠過河。

烏龜一聽，對蠍子說：「你是蠍子耶！你的尾巴有毒刺，被螫到就死定了，我怎麼敢揹你啊？」

蠍子說：「烏龜兄，我又不會游泳。如果我螫你，你若死了，我也會跟著沉到水裡淹死，我再笨也不會做這種事啊！好心的烏龜兄，拜託、拜託啦！」

烏龜聽完，想想有點道理，蠍子是不可能害牠自己的，於是就答應揹蠍子過河。豈知，當烏龜游到河中間時，突然感到脖子一陣刺痛，啊！竟然是蠍子抬起尾巴的毒刺從牠的脖子螫下去！烏龜瞬間一陣暈眩，臨死之前，轉頭問蠍子：「你為什麼要這麼做？這樣你也會淹死啊！」

這時候，蠍子一臉茫然、支支吾吾地說：「可……可是……我……我忍不住啊……」接著，蠍子跟烏龜就一起緩緩地沉入水中淹死了。

這個故事用來形容人潛意識裡的「莫名」所導致的思維跟習性，是相當貼切的。

我常說，同樣的一群人在每一世的輪迴裡扮演著不同的角色，這輩子認識的每個人其實都是「故人」。終其一生，我們都在跟周遭的人了卻彼此從上輩子就延續下來的因緣。

有些人，初次見面就感覺到很熟悉，好像認識了好久；可有些人就是沒有你的「緣」，怎麼看怎麼討厭；還有一些人，明明也沒怎樣，但就是讓你覺得恐慌或害怕。這些「莫名」的認知或感覺，都是受到潛意識的影響。

因而，喜歡跟討厭一個人，常常是沒有理由的。有時，情緒的好壞跟起伏，常常也是說不出原因的。

這個「莫名」，影響了我們的認知，影響了感覺，影響了情緒，影響了行為，也影響了結果。

所以，有時候我們不喜歡一個人，就會越看他越討厭，甚至想到他就生氣，講到他更生氣。

但夜深人靜時，心平氣和下來，捫心問問自己，為什麼這麼討厭他？他真的這麼可惡？對你做了不可饒恕的事嗎？

想著想著，好像也沒那麼嚴重。這時，心裡可能念頭一轉，告訴自己不可以對他人有成見，以後見到這個人不要再惡言相向了。

只是，才隔了幾天再看到這個人，不自覺地，心裡頭的厭惡感又跑出來了，甚至開始出現嫌惡的表情；嚴重一點的，冷漠、尖酸、苛責的言語又一句句地冒出口了……

如果這時候對方因為我們的態度或舉動有了負面的回應，那想當然的，接下來，跟這個人的情緒糾結、恩恩怨怨，一定又是沒完沒了！

這樣的情境，不是只有發生在職場，甚至家人之間、朋友之間，都是經常上演。只是有時候是我們對別人這樣，有時候是別人這樣對待我們。因此，我們常常因為別人的喜怒哀樂而影響自己，情緒時時受到別人的牽動而不自知。

就像故事裡的蠍子一樣，用尾巴的毒刺來螫是牠的本能，縱使牠知道烏龜是在幫助自己，而且這樣做會害到自己，但是蠍子仍然控制不住自己的習性，最後也導致了自己的死亡。

回想看看，自己在日常生活當中是否偶爾也會有這樣的情景？是否也會不斷地重複衝突跟懊悔？

如果不想一再重複相同情況的話，就要經常觀照自己的內心，檢視自己的情緒或認知狀態，多看看別人的優點，多想想別人好的一面。

沒有人是零缺點的，也沒有人是絕對完美。既然我們自己也會有缺點，有時也會犯錯，為什麼還不能包容別人的缺點或錯誤呢？有時候，別人並非故意這樣對待你，而是他也陷在這樣的莫名裡面，反覆地折磨別人連帶也折磨到自己。這樣想，我們就會比較容易原諒別人的無理對待了。

藉由觀照跟自省，可以幫助自己不要陷在一貫的思維裡，而能試著逆向思考，用正面的思維來看待周遭的人事物，如此才有辦法逐漸擺脫這樣的莫名，不再受到莫名所左右，而影響了我們的生活跟人際關係，也避免自己因此受到痛苦與折磨。

如果可以這樣，長久以往，那潛意識裡的莫名便會逐漸消失，人的心情就能穩定，看待事情的角度就會寬廣正面了，人生也能因此感到知足而美好！

聰明人跟傻子

（台語）眼呆神也呆，
卡看嘛自在。
眾人煩惱代，
我嘛笑嗨嗨！

我做的是企業顧問的工作，平日裡，要協助客戶處裡經營上所面臨的各種問題。雖因此開闊了視野，增長了智慧，但也不免因為看到的各種衝突事件而感嘆。最近有一位經營傳統工廠二、三十年的客戶，因為敵不過低迷的景氣，以及慘澹經營的虧損，只得在銀行要求清償貸款的最後期限來臨前，倉促地結束營業。這突如其來的舉動，造成相關的人事物陷入混亂。各路聽到風聲趕來的協力廠商，談判的談判、搬貨的搬貨、拆東西的拆東西……衝突、吵雜，亂成一團。

十幾年下來，我見過很多企業樓起樓塌的情景。也見過在眾多的董事長、總經理當中，有些是不可一世、趾高氣昂；有些是老成穩重、深謀遠慮；有些是英明睿智、前景可期；有的則是情緒暴躁、動輒失控、爆走；也有些是盲目經營，不知道明天在哪裡，做一天算一天的。若說，「成功跟失敗都是一種習慣」，從這些企業領導人的思維跟作法裡倒可以歸納出端倪。

今天為了協助這位客戶解決與工廠地主的租約問題，我帶著一疊預先整理好的資料來出席調解會。調解委員會就設置在客戶工廠所在地的鄉鎮公所裡面的一個樓層。走進該樓層，我發現偌大的場地可以容納上百人。看著人聲鼎沸、萬頭鑽動的繁忙景象，我心想，原來，每天有那麼多人發生糾紛，有那麼多人來這裡調解啊！

舉目望去，形形色色的人們齊聚一堂，他們為了尋求解決衝突爭議的方法，或主動或被動地來到了這裡。

會場上，一桌一桌地在進行著調解。桌子的中間坐著調解委員，爭執的兩方面對面坐著，有些人面無表情，有些人情緒高昂，有些人聲淚俱下、愁容滿面，還有人是包著紗布帶傷來出席的。

人們在調解過程中常常互相攻訐、各不相讓。雙方爭論起來，你來我往之間，各有各的盤算，各有各的立場，有人情緒失控暴走，有人無奈，有人開罵，有人吵架，有人勸架……

擔任調解委員的人，有些是鄉里仕紳，有些是退休公務員，他們的服務熱忱令人敬佩，不僅要犧牲時間，還要容忍事主不理性或失控的情緒。調解委員在會場裡充當和事佬，也站在中立的角度規勸雙方盡量各退一步、息事寧人。

調解會裡，喜怒哀樂一次看夠，碰到不明事理或是惡意刁難的相對人時，總會讓人想到：「秀才遇到兵有理說不清。」看著人們爭得臉紅脖子粗、互相爭吵咒罵，甚至乖張恐嚇的眼神搭配不堪入耳的三字經……讓人不禁感慨，隨著社會的變遷，中華文化中固有的寬恕禮義，恭敬和融、宅心仁厚……這些修養跟美德，好像變成被束之高閣的教條，遇到利益衝突的時候誰還記得？

但也有少數的人，覺得僵持不下沒有意義，既花時間又惹情緒傷身，乾脆不要再窮攪和下去，趕緊善了讓事情早點過去就好。

古德有云：「寬量的人有福。」如果人人在碰到衝突糾紛時，都能站在對方的立場想一下，多一點同理心，各退一步，那麼，這社會不就可以減少很多紛爭嗎？

寫到這裡，我突然想到有一天去買東西時所看見的情景。

那一天，我到住家附近的飾品店要買幾個黑曜石葫蘆吊飾。我一邊挑選一邊跟老闆娘聊天，眼角的餘光，卻看見店內的角落，有一個人站在那裡。

我好奇地看了他一眼，只見那人眼神呆滯落寞，面無表情，不發一語。十來分鐘之後，他靜靜地走出店外，消瘦的身影消失在馬路對面。

可能是看到我的疑惑，老闆娘告訴我：「那個人住在對面，羅漢腳一個，聽說他細漢ㄟ時陣出過車禍，結果就變成現在安捏，憨憨。聽人說他脾氣很壞，很會罵人，可是真奇怪，他攏會來店裡幫我搬貨，還會去買飲料放在我桌上。妳看，桌上這杯咖啡，就是他剛剛去便利商店買的。他上次看我喝，就一直問我，哪裡買？哪裡買？我跟他說在路口的便利商店買的，隔天，他就開始買過來。他也無多說話，就踮踮放在桌上。他每天都過來，會自己幫忙排東西、搬貨，做好就走，很少說話，看來憨憨的，也不知在想啥，我嘛不知是蝦咪款ㄟ因緣牽來的啦。」老闆將與男子結緣的這段過程娓娓道來。

接著，老闆娘突然有所感觸，語重心長地說：「其實，做人這膩艱苦，有時陣想想ㄟ，甘哪做憨人比較卡好，無煩無惱，反正一工過一工……」

買好了東西，我拎著小袋子走出了店外，心想，當人們老是夾雜在各種情緒跟衝突當中困擾糾結時，會不會覺得當傻子比較好，這樣就不會老是記得別人的不好而生氣煩惱。

那麼，是傻子比較快樂，還是自以為聰明的人們比較快樂？

瞧瞧調解的會場裡喧鬧的人們，有的爭鋒相對、惡言相向；有的得理不饒人、氣焰跋扈；有的鬱悶委屈、怨聲載道……幾十坪大的空間裡，人性的各種醜陋樣貌大半呈現，令人感觸良多。

再回頭再看看那個傻子，人們說傻子活在自己的世界裡；但自以為聰明的人們不也是活在自以為是的世界裡嗎？

那麼，差別在哪裡？

看著調解會場裡頭一堆成年人爭得面紅耳赤、氣急敗壞的樣子，突然想到一句話：「寬容別人也是善待自己。」

但是，這句話對於那些困在雞仔腸、鳥仔肚的計較裡的人，有幾個想得通呢？

小陳說故事

福如東海壽南山，
比襯相符焉得享。
禍如風雨瞬間至，
行善積德有餘望。

幾年來，由於每星期都會到台中廟裡做志工服務，固定的時間裡，我都會搭乘陳先生的計程車前往高鐵站。今天坐上車，我們就聊了起來，小陳與我分享他昨天和一位善心的歐巴桑結緣的際遇。

他說，昨天傍晚，他開著小黃在路上行駛，遠遠看見路邊有一位歐巴桑在招手，身邊還站了個老先生。

他停下車子，問歐巴桑是不是要坐車？歐巴桑扶著老先生走向前就要上車。奇怪的是，老先生卻扭扭捏捏地一直搖手推辭：「不要啦！不要啦！」

看著眼前的情況，小陳一臉疑惑。

歐巴桑告訴小陳：「唉呀，我看這位老先生身體不太舒服，在路邊走不動了，一邊冒汗一邊喘氣的，很危險，我才叫計程車要送他回家，車錢我出啦！」

小陳一聽到是這樣，趕忙也加入勸導：「老先生你就趕快上車啦！車錢我便宜算，先載你回家卡要緊啦！」

最後，拗不住小陳跟歐巴桑的相勸，老先生這才坐進車子裡。

十幾分鐘後，車子開進一條巷道，老先生嚷嚷：「到這裡就好了。」

歐巴桑問小陳車資多少？看著計費錶上顯示車資一百三十塊，小陳說算六十塊就好了，歐巴桑馬上付了錢就扶老先生下車。

看到老先生自己走入社區了，小陳打開車窗問歐巴桑住附近嗎？

原來，歐巴桑並不是住在這附近。她剛才打算去住家附近的美髮店洗頭，結果看到這位老先生走在路邊，腳步蹣跚、搖搖晃晃的，她怕他發生危險，才叫車送他回家。

「那妳怎麼回去？」小陳問她。

歐巴桑一臉輕鬆，說她坐公車回去就好。

「妳上車好了，我載妳回去，免錢啦！」小陳很感動這位歐巴桑的善舉，就免費載她回去。一路上，歐巴桑告訴小陳她身上發生的神蹟。

歐巴桑說她死好幾次都沒死成，是阿彌陀佛給她添的歲壽，所以她要用她的身體，很努力地幫助別人、做好事、做有意義的事。

她說有一次，她要過馬路的時候發生車禍，被正要轉彎的公車輾過，車輪就卡在她的脖子。她一陣暈眩，迷迷茫茫之中隱約聽見周遭圍了很多人。馬路上聲音很吵，眾人議論紛紛：「這下穩死的，趕快叫救護車啦。」

這時候她突然看見一道金光，光圈裡有個聲音告訴她：「妳還不能死，時間還沒到呢，回去吧！」接著，一股強大的力道竟然就把她推了回來。

就在大家七嘴八舌之際，歐巴桑突然張開眼睛看著周遭圍觀的人們。這突如其來的變化把大家都嚇傻了。

歐巴桑雖然撿回一條命，但全身有多處擦傷、骨折，之後在醫院住了兩個多月。

歐巴桑說她本來應該是壽命到了，但是阿彌陀佛給她添了歲壽，讓她有機會多做一點事。她拿出小筆記本，裡頭寫得密密麻麻，還有顏色分類。那是她做義工服務的行程。

歐巴桑說她過午不食，每天都固定去幾個地方服務，忙碌得很。

小陳告訴我，他覺得這位歐巴桑應該是因為每天充實又忙碌地付出，讓她體力充沛、神采奕奕，所以看起來紅光滿面、身體康健。

我們經常在慶生的場合聽到「福如東海、壽比南山」這類的祝賀詞，用來祝福人能有跟東海一樣廣大的福澤，以及像南山一般長久的歲壽。但祝福只是一種希望，因為要像海一樣的福澤、山一樣的長壽，並不容易。

有的人福氣好，生活優渥、自由無憂，但可惜好景不常，年紀輕輕就因故走了，壽命不長。

有人命運乖戾，一生做牛做馬，老來生病癱瘓，又在病床上躺幾十年，壽命是很長的，但是福薄，想來還是折磨！

所謂「厚德載物」，壽命跟福澤，是有一定的關聯跟對應的。要活得久一點，福氣就要夠，這樣才能活得自在，活得有品質、有尊嚴。就像這位歐巴桑一樣，雖然一把年紀了仍然健步如飛、熱心助人。

人生無常，世事的變化是我們無法掌握的。就像變化無常的天氣，有時候早上艷陽高照，高溫曬得人汗流浹背。但可能到了下午就會天一黑，烏雲密布，雷雨瞬間傾倒而下，氣溫驟降好幾度，適應力弱的人，一下子就生病了。

也就是說，福禍無常，說來就來。

因此，還是自己平日裡多行善積德，先存點資糧起來，這樣才有機會遇事呈祥、轉危為安，這位歐巴桑的故事就是一個很好的寫照。

也祝福這位好心的歐巴桑，祝她長命百歲、喜樂綿長！

加分減分

（台語）一分加減差一運，
人生禍福嘛照輪。
安分守己是基本，
盡心行德才有春。

一位老太太來廟裡為女兒向神明請示事業。老太太說，她女兒在全球知名軟體大廠的大陸分公司當高階主管，原本平步青雲、備受重用的她，這一年來，事業似乎遇到了瓶頸，好像升遷困難、諸事不順。由於女兒在網路書店買了我的書去看，就推薦給老太太，特別請她來問我，希望能找出問題的癥結，讓事業能夠順利一些。

老太太告訴我，她有虔誠的宗教信仰，也長年在寺廟護持，她認為女兒可能是業力纏身，冤親債主跟隨，才會諸事不順。

當我靜下來幫她感應，請示文昌帝君時，得到一個答案。帝君說：「她沒有冤親債主跟隨的問題，而是她上輩子積的福德，只能夠助蔭她到這個階段，再來就上不去了。」

當我轉達這個答案時，老太太恍然大悟，她說，女兒雖然事業順利、收入豐厚，但沒有行善積福的觀念。這些年來，她都盡量用女兒給她的生活費替女兒做些捐獻護持，積一些福報，希望女兒事業能夠順利，她的老年生活也才有依靠。

我跟老太太說，你女兒的「福德存款」不夠用了，要多做點善事，才有機會更上一層樓喔！老太太趕緊拿手機出來，把帝君降示下來的詩句拍照用微信傳給她女兒，告訴女兒要趕緊認真做善事積福德，事業才會順利。

我告訴老太太，其實現代的年輕人比較沒有積福積德這一方面的觀念，也不能怪妳女兒啦！目送老太太離開的身影，我腦中卻浮現那日在客戶小蔡的公司對話的情景。

小蔡是企業家第二代，回來接掌公司不過幾年的時間，公司的管理就漸入佳境。看他說話有條不紊，態度謙虛客氣，有著年輕人少見的沉穩。

那天在他公司的會議室裡開完會，聊到了近日新聞媒體炒得沸沸揚揚的宗教話題，他說他也是這間功德會的會員，幾年來，他每個月都有捐贈固定的金額。除此之外，他還長期捐款給世界展望會等其他慈善團體。我們聽了倒是覺得有些意外，因為以他的年紀能有這樣布施觀念的人並不多。

他說，他覺得人誕生在世間是一個原點，就像從0開始。有做一件善事，就加一分；做了一件壞事，就減一分；沒好沒壞，就是留在原點。

聽到這樣的比喻，我覺得還滿貼切的。

人生無常，生死禍福往往只是一瞬之間的事。有時候，遭遇病痛或災厄的人無法理解，認為自己從來也沒害過人，也沒做過壞事，為什麼會這樣？

俗語有句話說：「落土時，八字命。」意思是說，人一生的窮通禍福是註定好的。所以，什麼時間會發生什麼事，也是安排好的。這聽起來好像很宿命論，好像人生一切都是固定的，那還有什麼好努力的，反正一切就這樣了。

命運，命運，或許「命」無法改變，但是，「運」倒是可以隨著福分的增加而改變的！

雖說人生的劇本彷彿是事先就寫好的，出生以後，每一步都照著劇本走，就這樣，時間到會生病就生病，會遇到災厄也躲不掉。

但每增加一件善行，就會為自己加一分福德；每做一件壞事，就會削減一分。當遇到人生之中的災厄疾難時，累積的分數是正是負，就能影響自己是否大事化小、逢凶化吉。

古德有云：「倫常乖桀、立見消亡；德不配位，必有災殃。」人的欲望無止境，常常無法滿足於現況，因為好還想要更好。但是，如果我們自身所累積的福德不足以匹配現況的安穩或享受時，必然可能會有其他地方不順遂或是遭致災殃。

總結來說，「安分守己」這四個字只是人生的基本標準，但人生裡福禍無常，只有自身的福德能幫助自己吉星高照、轉危為安。因此，我們應該以小蔡為榜樣，在日常生活中，多存好心、多說好話、多做好事，這樣才能隨時持續地為自己跟家人行德積福來加分，久而久之自然就會遇難呈祥，事事順暢了。

思從頭

風雨飄搖歸無家，
陰陽兩隔淚雨下。
月夜淒淒照孤影，
尋來復去多牽掛。

電視、電影的編劇很厲害，可以把很多虛虛實實的故事搬上螢光幕，也可以把很多超乎想像的情節寫得感動人心、膾炙人口。

人生有很多際遇經常都是超乎預期、無法掌握的，尤其是愛情，常常發生你愛的人不愛你，而愛你的人你又不愛的情況。人就是這麼難搞。人的思維千奇百怪，有人在乎金錢，有人在乎享受，有人想要自由，有人想要感情……總之，不管想要的是什麼，每個人都必須為了自己莫名的堅持、想要的或追求的東西付出代價。只是，這代價有可能讓人始料未及而且無法承受。

約好的時間還沒到，秀娥就來到了我公司門口。她頭髮散亂，臉頰凹陷，雙眼充滿血絲，眼神無助，整個人看起來只能用槁木死灰來形容，讓人看了很心疼。正如介紹她來的人跟我形容的一樣，她真的快要活不下去了。

秀娥的先生在兩、三年前突然心肌梗塞過世了。幾天前，秀娥唯一的女兒，竟然也燒炭自殺了。突然之間，整個家庭只剩下她一個人孤獨地活著。偌大的房子空空蕩蕩，一樣的景象，一樣的擺設，只是家人都不在了。這教她如何承受。

喝著熱茶，止不住眼中淚水的秀娥向我訴說她的悲慘遭遇。她始終無法相信，好不容易栽培到研究所的女兒，怎麼毫不留情地說走就走呢？她心裡還有我這個媽媽嗎？

秀娥一邊流著淚，一邊在紙上寫下她女兒的資料，她想要知道女兒到底是碰到什麼無法解決的問題，為什麼會走上絕路，就這樣結束了自己的生命？

我看到秀娥的背後跟著一道幽幽的身影，那是她剛過世的女兒。

感應當中，一個微弱的聲音告訴我：家庭沒有溫情……祂搞不懂大人的世界是怎麼回事……祂說祂有很多問題在這個世界找不到答案，只好去另一個世界找……

一個青春年華的女孩竟然對世間有這樣的無助跟感慨，聽了令人鼻酸。

我告訴秀娥，你女兒說家庭沒有溫情。這是什麼原因？秀娥的表情悵然又無奈，眼眶的淚水又流了下來。

秀娥的思緒一下子拉回到二十幾年前。她說，她年輕的時候條件還不錯，有很多追求者，她的先生也是其中之一。眾多的追求者當中，她的先生並不是她喜歡的那一型，而且，她並不想這麼早結婚，只當成大家交交朋友出去玩玩。然而，沒有想到是，她卻意外地懷了他的孩子，在那個民情純樸的社會風氣之下，秀娥只好跟他「奉子成婚」。結婚這個終生大事有這樣的發展，完全超乎秀娥的想像，她被迫結束自由悠哉的單身生活，變成大腹便便、行動緩慢的孕婦，生活型態全都因此而改變。

婚後幾個月，秀娥生下了女兒。由於秀娥認為她不愛她這個先生，要不是因為懷孕，她也根本不想嫁給他，她認為是她先生毀了她的人生計畫。秀娥完全沒有料想到，她在不經意當中，把她對先生的不滿以及憤慨轉移到女兒身上。女兒出生不久後，秀娥覺得沒有辦法兼顧工作與養育女兒，就把女兒送回娘家給父母照顧。

秀娥的先生非常喜歡秀娥，對待她真是好得不得了，總是呵護備至，幾乎讓秀娥予取予求。儘管如此，秀娥還是不快樂，她沒有辦法改變內心裡對先生的憎恨與埋怨。

秀娥告訴我，她先生會經常問她有沒有愛他？但滿心怨恨的秀娥從來就沒有回答他。三年前的某個時期開始，秀娥的先生每隔幾天就會問秀娥：「妳有沒有曾經愛過我？哪怕只有一天也可以。妳可以告訴我嗎？」縱使是這樣，個性固執的秀娥，一點也不願意鬆口，就算只是安慰的謊話，她也不願意說。

兩年前的某一天，秀娥的先生從外地出差回來，竟然在洗完澡走出浴室的當下，因為心肌梗塞倒地不起，緊急送醫之後還是回天乏術，就這樣抱著遺憾離開人世。

辦完了先生的後事，家裡就剩秀娥母女倆，秀娥對女兒的管教嚴謹，對她的教育相當重視。而女兒也沒讓她失望，大學畢業之後順利考上研究所，前程看來一片美好。只是，秀娥萬萬沒有想到，看似樂觀自信，像天使一樣的女兒，竟然會因為走不出感情的困擾，最後選擇結束年輕的生命。這突如其來的晴天霹靂，讓秀娥哭得肝腸寸斷、悲慟不已！

是老天爺跟秀娥開了一個天大的玩笑嗎？怎麼不過兩、三年的光景，她就失去兩位家人，這一切是如此殘忍，卻又是事實。女兒的告別式結束之後，悲傷的秀娥從女兒的電腦裡看到了她跟男朋友的對話，她認定就是因為這個男生對女兒不好，才會害女兒走上絕路。

困在悲憤裡的秀娥到處打聽這個男生的事，也到處求神問卜，她甚至想找這個男生為女兒討公道，秀娥的內心不斷地告訴自己，女兒一定是受到他的折磨人生才會走不下去的！

但是，事實真的如同秀娥認定的情況嗎？

從她女兒的話語裡，似乎問題的癥結跟家庭有著很深的關係。秀娥說，她的女兒自小就是一位聰明貼心的女孩，從來不讓父母操心，總是報喜不報憂。因為這樣的個性，很多事情她就只會自己默默承受，甚至連遇到感情困擾也是如此。

但長期以來，秀娥跟女兒相處之間似乎有一道看不見的圍牆，這個無形的距離造成母女之間沒有親暱感，所以當女兒遇到問題或壓力時自然不會主動告訴秀娥，以至於女兒的感情困擾就變成了壓倒駱駝的最後一根稻草，並把她推向了絕望之路。

秀娥的女兒請我轉達，她並不怨恨那個男生，而且她會這樣也不完全是他的錯，請母親不要再責怪對方。

轉告了她女兒的交代，我希望秀娥能將仇怨的心放下，畢竟，逝者已矣，再多的不捨跟仇怨都無法讓女兒起死回生。而且，如果女兒都不怪罪對方了，那秀娥再怎麼追究責任或糾結不放，也只有造成女兒在另一個世界無法安心而已！

談了一會兒，秀娥的心情平靜了許多。她非常感嘆與後悔，因為自己固執的個性，使得她最親近的兩個家人在世時都沒能親耳聽到她說：「我愛你。」這真是她一輩子最大的遺憾啊！但是，再多的遺憾都來不及了。噙著淚水，秀娥說她也報名了佛光山的法會要幫女兒跟先生超渡，希望幫助他們在另一個世界能夠過得很好。

由於時間不早了，秀娥起身向我告別。看著她的身影，我想，只要她能真正把糾結的心念放下，藉由宗教的力量一定能夠幫助她走出悲傷，恢復穩定的生活。

這個故事也給了我們不少省思。沒有很深的因緣是不會成為一家人的，但是，我們卻經常把最壞的脾氣留給身邊最親近的人，也在不知不覺當中傷害了最親近的人以及愛我們的人。如果不想日後落入懊悔當中，切記，對家人的愛跟關懷一定要及時表達，千萬不要等到來不及了才悔不當初啊！

鬥陣ㄟ

（台語）多看多囉嗦，
嘸看蓋煩惱。
相冤鬥嘴鼓，
卡醜嘛是某。

俗語有句話說：「十年修得同船渡，百年修得共枕眠。」意思是說這輩子要結為夫妻需要事先修一百年的緣分。照理來說，時間耗費這麼長久，是因緣結得夠深才有機會相遇。想當然，這樣的緣分來之不易，應當要相當珍惜才是吧？

但現實生活是「家家有本難念的經」，每對夫妻都有他們自己的相處、對應方式，看在外人的眼裡，常常是無法理解的。

這一天，我到陳老闆的公司討論一件案子，討論完就坐在沙發閒聊。談話間，一位婦人走進來，她一臉素顏沒有化妝，穿著打扮極為簡樸。

看見她走進來，陳老闆卻視若無睹，繼續跟我講話，也沒招呼她。我倒是感覺怪怪的，基於禮貌，我對婦人微笑地點頭致意。

這時，陳老闆還是沒啥反應，而婦人則站在一旁繼續聽我們聊天。

看她從容自若的態度，我心想，她有可能是老闆娘。奇怪的是，陳老闆沒有主動介紹，我也不敢稱呼，怕萬一猜錯，稱呼錯了會很失禮。

半個小時過去，拗不住現場奇怪的氛圍，我終於開口了。我轉頭問陳老闆：「這位……應該是……陳太太、董娘……吧？」

「不是啦！她是阮鬥陣ㄟ啦！」

蝦咪！「鬥陣ㄟ？」我腦中瞬間閃過「同居人」三個字。頓時，我的臉上出現了三條線外加一隻烏鴉飛過，顯得有點尷尬。

停頓了一秒，我趕緊打圓場說：「吼！陳老闆，你怎麼說是鬥陣ㄟ？你愛說是女朋友卡好聽啦！」

那婦人聽了，陪著笑臉便走了出去。

由於跟陳老闆還不太熟識，我心裡猜想，有可能陳老闆是喪偶或是跟老婆離婚，後來才和這位婦人「鬥陣」，我提醒自己注意一下才不會碰觸到陳老闆的傷心事。

不料，這時候陳老闆卻開始抱怨，說他老婆在工廠裡什麼事都不會做，整天只會像個閒人一樣晃來晃去的，一點忙也幫不上，連晚餐也不煮。

我連忙說：「陳老闆啊，剛才您說鬥陣ㄟ的那位，原來是您太太呀！」明明是您的太太，您也不說點好聽的，怎麼說成是「鬥陣ㄟ」，聽起來亂沒地位的。

「唉！我無講妳不知啦！」陳老闆一臉嫌惡，竟然開始抱怨，把這個結髮之妻講得一無是處。一邊聽他抱怨，我勸他，俗話說：「十年修得同船渡，百年修得共枕眠。」沒有很深的前世因緣怎麼會來做夫妻，一直嫌棄她，夫妻的關係怎麼會好呢？其他的不講，她好歹也幫您生兒育女，也幫您在工廠巡頭顧尾的，怎麼說一點幫助、貢獻都沒呢？

聽我這番說法，陳老闆只有說一句：「唉呀，妳不知啦！」我看氣氛不太對便趕緊轉換個話題繼續聊。一會兒離開了陳老闆的公司，我邊開車，邊想著剛剛陳老闆夫妻的相處情形。想到社會上有很多夫妻相處不睦、經常吵架，搞到相處的氣氛火爆緊張，甚至演出全武行、互相提告對簿公堂。

所謂「清官難斷家務事」，夫妻之間的許多恩怨情仇向來不足為外人道，旁人也無從了解，這其中也經常有些牽扯不清的問題，導致相互之間的恩恩怨怨、剪不斷理還亂。

其實，家，不是「講理」的地方，是要「講情」的。夫妻之間、家人之間，又有什麼好計較爭執的呢？你有你認為的道理，她有她認為的道理，你堅持你認為的道理才是正確，互不相讓，總認為先認錯的就輸了；而且一定不能認錯，不然就被對方占了上風。但想想，就算最後爭贏了，又如何呢？贏了面子，輸了裡子，贏了氣勢，輸了和氣，長久以往，終究還是輸家。

俗話說：「冤家宜解不宜結。」夫妻也是一樣的。如果彼此不能體諒包容、站在對方的角度想、盡量多看彼此的優點的話，那每天一起度過的日子裡，只落得總在相互埋怨，彼此憎惡。

那麼，長久以往，最後的下場會是什麼呢？

就是這一世因緣沒了，下輩子又碰在一起，或許換了身分，變成父子或是母女或是婆媳或是鄰居。但不變的是，仍然會繼續吵架、仇視怨恨吧！

陰陽和諧

（台語）陰陽本無犯，
一念起塵漫。
猶如風吹霧，
茫茫困眼前。

社會上關於深山野外的鬼魅傳說很多，新聞媒體曾經報導過有落單的登山客或老人、小孩離奇在山上失蹤，幾天之後卻在距離失蹤地點很遠的地方被尋獲。奇怪的是，他們對於失蹤的幾天裡發生了什麼事，常常無法清楚交代，甚至語焉不詳。因此，民間都傳說山上有魑魅魍魎、精靈鬼怪，也就是俗稱的「魔神仔」。登山客最好在背包或手杖綁上銅鈴，用來嚇阻這些「魔神仔」的騷擾。

雖然這些詭譎的事件跟傳說從小聽到大，並不陌生，但是對於一般人而言，或多或少還是有些心理上的影響。我的朋友小吳就是其中之一。

小吳是一位工程包商，上個月裡接了一件地點在梨山的工程，必須去山上施工。由於小吳聽聞很多關於山上有魔神仔的傳說，讓他心裡不免有些戒慎恐懼。於是，為了「安全起見」，小吳就把家裡供奉的神明令旗一同請上車。他心想，這下有了萬全的準備，那山上縱使有什麼「歹咪啊」也沒有辦法來打擾了吧！

轉眼間，三天的工作完成了，這期間也沒發生什麼異樣。沒想到，回到家之後，小吳突然間腰痛不已。一開始，他以為這是長途開車所引起的，也沒覺得有什麼古怪。不料，當天半夜小吳竟然做了噩夢：他在一個不知名的地方，有好幾個陌生人拿著一床棉被圍了過來，打算把他打「包」起來帶走。接著他就嚇醒了！

隔天晚上剛好是小吳要來廟裡做義工的時間，他挺著腰痛來值勤。晚上十一點多事情剛忙完，小吳就跟我提及他昨晚的怪夢。我看他身上透露出一股陰寒的磁場，臉色還有點晦暗，我問他最近是不是曾經對陰靈有挑釁的意念？

他摸著頭想了想，就知道是怎麼回事了！他說他前幾天去梨山做工程，行前因為覺得深山裡面通常都會「不乾淨」，為了確保自身安寧，他特別把家裡供奉的神明令旗請上山，安奉在他住的工寮內。

就在小吳說話時，我看見小吳身邊跟來投訴的「人」。我跟小吳說，有「人」跟著你來，事情可能沒有那麼單純喔！

我問他，「你工作的附近是不是有一個水池？這些『人』是從那裡跟來的。」

他一臉驚訝，點頭說那裡確實有個蓄水池，不大，是在房子裡。霎時，小吳感受到一陣寒氣湧上來，身上立刻起了一陣陣的雞皮疙瘩，感到渾身相當的不自在。

看到這般場景，我便靜下來跟祂們溝通，問明來意。

「他來到我們的地盤，一副祢們能奈我何的姿態。」我轉頭問小吳，祂們說你在祂們的地盤上，卻沒有把祂們放在眼裡。這是怎麼回事？

小吳急著解釋說，因為他感覺山上「歹咪阿」很多，會比較「不乾淨」，所以他才把神明的令旗帶去，這是因為虔誠的信仰，以及為了求得平安啊，怎麼這樣也會得罪「人」了？

我告訴小吳，當人死了以後，沒有了身體只剩下一個意念，也就是陰「靈」了，那為什麼要說「祂們」是「歹咪阿」、是「不乾淨」的呢？而且，因為這空間重疊的陰陽兩界，原本各自過各自的生活、互不侵犯，如果沒有因緣是不會主動找上門的，小吳這樣的行為算是「師出無名」，難怪惹得這些陰靈不舒坦。

而那些跟著小吳的「人」，是早期在當地辛苦開墾生活的先民們，在往生之後還沒去投胎的時段裡，祂們的魂魄還會在生前熟悉的環境徘徊，這也是正常現象。更何況俗話說：「強龍不壓地頭蛇。」小吳從外地來到山區工作，對於當地的鬼神理應要先展現謙卑恭謹的尊重態度才是，怎麼會人家又沒得罪他，他卻先把神明的令旗請去鎮守，顯出一副我有萬全準備，祢們能把我怎麼樣的姿態，這樣的行為當然會冒犯這些在地的先民。

因此，這股不高興的意念就跟著小吳，自然就會對他產生負面的影響，而且，這股力量是不能小覷的。聽完我的說明，小吳明白了這個原因，他說他下禮拜還會再去山上工作，他準備帶水果跟紙錢去拜那裡的神明、土地公，以及先前他所得罪的先民們，祈求化解他一時無知造成的誤會。

我想，當小吳下回再去山上工作時，就算他沒有把神明令旗請上去，但由於他的想法改變了，山上的「朋友」們感受到他的誠意，應該也不會再為難他，而且還可以和平共處了呢！

死二十幾次的人瑞

冬去春來年又年，
人來人往不復見。
親朋好友難長久，
一身孑然淚漣漣。

宮廷劇《康熙帝國》裡頭，有一段讓我印象深刻的情節。康熙皇帝在暢春園裡頭舉行了一場「千叟宴」，宴請各族年齡六十五歲以上的臣子。老人們各個神采奕奕盛裝出席宴會，現場笙歌陣陣、飲酒作樂，好不熱鬧，這可算是歷史上有名的尊老、敬老活動。時至今日，在每年的九月九日「重陽節」，台灣各鄉鎮還是會舉辦一些敬老聯誼活動，活動當中總是會邀請百歲人瑞來出席，增添慶典的光彩。

記得小時候，每逢長輩生日時，大人們總是叫小孩要記得祝賀阿公、阿嬤「長命百歲」。小時候對百歲沒有什麼概念，長大以後，知道台灣人的平均壽命是七、八十歲，這才了解原來人生要活超過百歲，也就是一個世紀，是件多麼困難的事。

這天，像往常一樣，我搭乘陳先生的計程車前往高鐵站，準備要回高雄。陳先生和我聊了起來，他說，上個月九九重陽節時，他聽到廣播節目裡，主持人訪問一位百歲人瑞的過節心情。

陳先生原本以為人瑞大概都說一些冠冕堂皇的場面話，他正打算轉台時，卻聽到人瑞脫口而出：「其實，這幾十年來，我已經算死了二十幾次了。」

因為這話有點令人詫異，陳先生便繼續聽了下去。

這位人瑞娓娓道來他的心情感受。他說他活到現在已經百歲，感覺也沒啥好留戀的，尤其這三、四十年以來，他的老伴、兄弟、姊妹、兒子、女兒……都已陸陸續續過世，讓他飽受親人往生的痛苦跟感傷，而每一次的生離死別都讓他難過許久。

有一次告別式上，他竟然聽到親戚在哀聲哭號：「唉哎！你為什麼這麼早就走啦！留下我們要怎麼活下去啊！還這麼年輕，怎麼就死了！為什麼該死的人不死，不該死的卻死了。」

當他第一次聽到這樣的話語時，當下心中感受到無比震撼與傷痛！他只好安慰自己，說這些話的人是因為過度哀傷，是無心的。雖說如此，但夜深人靜、午夜夢迴時，這些話又經常會被他想起。

人瑞說他總是認真地保持身體健朗，盡量少讓子孫操勞他的事，但是日子一天一天地過去，周遭的親戚朋友，仍然是一個個因為生病或意外走到生命的盡頭。三、四十年下來，有二十幾個親人走了，二十幾場的告別式裡，他聽到了二十幾次的「唉哎！怎麼不該死的人死了呀……」。每次聽到這些話，他都感覺到自己又死了一次。所以，這些年來他算是已經死過二十幾次啦！

聽到陳先生分享他從廣播節目裡聽到的這段訪問，倒是令人感觸良多。

我們經常在生日宴會上聽到「身體健康、長命百歲」、「福如東海、壽比南山」等祝賀詞，用來恭賀壽星生日快樂、長命百歲，而大多數的人也都希望健康長壽。現在聽到長命百歲的人瑞這樣的真心告白，倒是讓人省思：原來，活得太久也不一定是件好事。

內政部公布的一〇五年國人的平均壽命是八十歲，其中男性是七十六．八歲，女性是八十三．四歲，顯然女人是比男人長壽。

想想，由於時代的變遷跟文化的改變，醫學發展越來越尖端，人類越來越長壽，生病越來越不容易死。但是人與人間的關係好像越來越疏離，情感維繫也是越來越薄弱，人們看待自身的利益比任何事情都來的重要，似乎人們已經漸漸忽視別人的感受了。

但是，人又沒有辦法不要變老、不要生病、不要死去。生老病死是人生必經的過程，如果老了、病了、生活沒法自理時，身邊如果還有子孫能協助處理，還算幸運。只是，如果子孫不孝或態度不佳時，咱們自己的心情可要調適好，用平常心寬容地面對，才不會到時候捶胸頓足，氣得半死。曾經聽到有客戶開玩笑說，財產不要太早過戶給子女，子女會比較孝順——這倒也不一定啦。

陳先生說，他今年已經五十幾歲了，只希望晚年自己能有點存款，身體要健康些，至少要還能自理生活，不要勞煩子孫費心，才不用「考驗」子女的孝心，因為「久病床前無孝子」，病久了還不死，不是折磨自己還拖累了子孫嗎？

我說，那麼「無疾而終」應該是最好的方式了。可是，無疾而終需要多大的福報才有辦法啊！既然不知能不能做到，那就要趁還有行為能力時，多做些善事，多積些功德，調整自己的個性與想法，盡量放下執著，或許到時候少些病痛、走得輕鬆些，這才是積極正面的態度。

「也對。」陳先生看著後視鏡裡的我笑了一下，看來有點嚴肅的話題頓時輕鬆起來！

大悲心

心起菩提，
夙夜無息。
百葬人塚，
風霜淒淒。
佛號響起，
眾心濟濟。
林蔭蓊鬱，
冥陽兩利。

以前的人去世之後，大多是採用土葬的方式，安葬在俗稱「墓仔坡」的墓地。

也有人把這些「墓仔坡」稱為「夜總會」。由於墓地是死者長眠的地方，加上民間的靈異傳說很多，難免就會給人一種陰森的氣氛。所以，除了清明節掃墓之外，一般人不會主動去那裡，通常都會盡量避而遠之。

這一天，是農民曆上的「黃道吉日」，位在離島的金門地區，有一座「地藏公園」落成啟用了。落成典禮上，看著公園裡一尊尊莊嚴的神像、牌樓以及雕刻的石碑，述說著這裡的故事，黃姊跟在場的親朋好友們心裡頭的感動真是無法形容，想到可以讓數百個亡魂得以安息，再多的辛苦與勞累都是值得的！

聽說在改建成公園之前，這裡是「亂葬崗」，埋葬了數百具無名的骨骸，這些骨骸的主人大多是「八二三炮戰」[4]的時候死去的軍民。

村子裡的耆老回憶起當時的慘狀，心情仍然是難掩激動。他們說那時候村野鄉間到處都是屍體，根本無法辨識身分，而且屍體的數量實在多到無法一一安葬。最後只得把屍體一具具堆上卡車，載到挖好的大土坑裡集體掩埋了。最終，這些因為戰爭死去的軍民就長眠在這座亂葬崗了。

由於這裡是亂葬崗，平日裡不太有人經過，入夜之後更是人煙稀少，更增添了這裡的落寞跟蒼涼。

黃姊夫婦經營一間傳統工廠，原本沒有宗教信仰的夫妻倆，卻在因緣的牽引下接觸了宗教。在宗教的薰陶之下，他們了解到人生無常，應該要把握當下、慈悲喜捨。後來，他們就在師父的帶領下，決定要幫助渡化這些戰亂下犧牲的英靈，有個舒適的安棲之所。他們結合了很多善心人士，出錢出力，歷時數年，終於在這個離島偏鄉、資源貧瘠的地方，蓋了這座以地藏王菩薩為主的公園。

黃姊回憶說，因為要將這些骨骸一具一具地重新安奉在骨罈裡面，必須先開挖原本埋葬骨骸的土坑。剛開始挖掘時，挖出了無數具混亂難分的骨骸，有的已經看不出形狀，層層疊疊、交錯紛雜……這種慘狀，令在場的人士無不覺得鼻酸傷感！這些挖掘出來的骨骸，足足裝了三百多個骨甕，表示這裡至少就掩埋了三百多位先人的屍體，足見當時死傷之慘重。

整座園區裡面有三十尊佛菩薩的聖像、二十幾塊石雕解說碑、二十部經文……等等，是全世界第一座依照《地藏王菩薩本願經》設計規劃的主題公園。聽說在

4 八二三炮戰，發生在民國四十七年八月二十三日至十月五日之間，國軍與共軍在金門、馬祖，以及大陸沿海的一場戰役。這場戰事延續了將近二個月，面積只有半個台北市那麼大的金門，承受了共軍將近六十萬發砲彈的攻擊，戰況慘烈，死傷無數。

落成啟用當天，當地藏王菩薩聖像安座的時候，萬里晴空、祥雲集結，光明顯現！超渡儀式當中，一聲聲的佛號誦念，梵音悠揚、隆重而且莊嚴，這些飄蕩幾十年無所依歸的靈魂終於可以在佛祖的接引之下前往西方極樂世界。

在黃姊公司的會客室裡，我一邊喝著熱茶，一邊看著黃姊手機裡面一張張佛菩薩聖像以及公園的照片，聽她娓娓道來這座地藏公園的興建緣起，以及工程當中的靈驗事蹟。黃姊的眼神堅定而且語氣和緩，法喜充滿的心情全寫在臉上，我聽得真是感動萬千。

誰說「墓仔坡」、「夜總會」就一定是陰森駭人的樣貌呢？在這些陰靈的聚廟，以及仙佛的感召之下，由許多活菩薩匯集來自十方的資源以及無私的奉獻，幫助這些飄蕩的靈魂獲得渡化超生。而且，附近村里的居民也多了一處休憩的空間，這樣一來，陰陽兩界都可以沐浴在神恩廣被的福澤之下，真是神恩浩蕩、法喜充滿啊！

前塵往事

暮靄蒼穹憶塵煙，
往事如鎖扣心弦。
落花相思片片飛，
夢裡伊人笑歡顏。

常聽人說初戀是最美的，那種懵懵懂懂的青澀歲月裡，初嘗戀愛的滋味，心神的揪動跟牽掛，就像舌尖上舔著青檸檬，有著苦澀的甘甜回味。

今天坐上計程車要前往高鐵，二十幾分鐘的車程裡面，司機田先生跟我分享他的陳年往事。

他說昨晚做了一個夢，夢見他年輕時候的初戀女友。夢境中的她，穿著打扮一如當年的年輕俏麗。

初戀女友穿著一襲碎花洋裝站在田先生的車子前面，她俏皮地用腳踢了田先生車子的保險桿。田先生驚訝地下車問她：「好久不見呀！妳是什麼時候回來的？」只見她站在那卻笑而不答。

「為什麼會夢到她呢？會不會她已經死了，回來看我？還是什麼原因？」田先生言下之意充滿了困惑。

故事的場景拉回到三十幾年前，田先生回憶著說，當時他在台北從事旅遊服務業，經人介紹和女友相識相戀。但是女友的家境相當不錯，她的父母反對女友和他交往，由於女友愛他愛得很深，她不顧一切要和他相守在一起。

田先生幽幽地說：「那時候如果我夠堅持，或許就會跟她一起私奔、結婚去了。」但是考量到彼此的家庭相差懸殊，加上自卑感作祟，也沒有足夠的信心讓女友得到幸福……種種因素讓自己對於這段感情，以及女友的期望感到懦怯。

沒多久，田先生因為工作的關係到了台中，認識現在的妻子。雖然妻子的外在條件跟家世背景都沒有初戀女友好，但不知道是不是因為和初戀女友這段不被祝福的感情路走得太艱辛，讓他感到相當疲累；還是自覺沒能給初戀女友幸福，總之，田先生最後選擇和現在的妻子結婚。

聽說，初戀女友因為田先生的移情別戀而傷心欲絕，在幾年後嫁給了一位建築師，沒多久就移民到美國去了。

田先生語氣充滿了愧疚地說：「我當時真的傷透她的心，她是那麼堅決地不顧一切來愛我，而我卻選擇逃避，我好希望能再次見到她，向她表達我深深的歉意啊。」

田先生娓娓道來這一段令人糾結心腸的戀愛故事，語氣裡充滿了無奈與不捨。田先生說，或許重新來過，他會有不同的處理方式，他會用理智跟平和的態度來面對當時的窘境與問題。

但人生就是如此，經常站在十字路口，經常面臨抉擇。有時會因為一時的情緒，或是心理因素，或是種種原因，最後選擇逃避，甚至不告而別，往往帶給別人錯愕、無法理解以及身心的傷害。

然而，造成這樣的情況，自己也沒因此而好過。因為縱使歲月流轉、物換星移，若干年後到了遲暮之年，就是開始陷入回憶的時候了。年輕時輕率而行所造成的遺憾會隱隱地浮現，時時在心裡頭糾結、折磨，因為有太多的如果、太多的遺憾，會讓自己懊惱跟自責。

聖嚴法師曾經說過，遇到問題的時候，不管有多麼艱困棘手，還是應該要「面對它、接受它、處理它，放下它」。

人生之中，愛恨情仇、生離死別，時時充滿考驗與折磨。當問題來臨，縱使有多麼難堪，多麼複雜，都應該勇敢面對這些人事物，不要逃避。接受現實情況之後，要沉靜心情，運用智慧，謹慎地因應、處理。當我們已經盡力去做了，那麼，不管結果好壞，都要從心裡頭把它放下。

如此，便能在每一個當下做最好的處置，才不會留下遺憾在日後懊悔。畢竟「今生事，今生畢」，最好不要把這樣的遺憾跟懊悔帶到棺材裡去，帶到下輩子去，這樣不是很辛苦嗎？

陳老闆的接班人

養兒防老觀念老，
兒孫自有兒孫報。
若無福德做後靠，
金山銀山一樣倒。

「望子成龍、望女成鳳」是天下所有父母的心願，許多父母省吃儉用，苦心栽培子女受教育，甚至出國留學，殷殷切切地期盼兒女日後能功成名就。陳先生就是個典型的例子。

陳先生是一家工廠的老闆，像大多數的中小企業老闆一樣，陳先生是白手起家，當完兵回來之後，他就到工廠謀職吃頭路。陳先生年輕時工作很努力又勤勞，幾年下來，擁有一身高超的技術後，他就出來創業開工廠。

在那個經濟起飛的年代，陳老闆研發組裝了幾部機器，憑著精湛的眼光跟技術，以及務實又和善的態度，工廠的訂單源源不絕。二十年下來，陳老闆的工廠頗具規模，而他的身家自然也就不可同日而語了。

陳老闆只有一個獨生子，自小就被陳老闆夫婦捧在手心、呵護備至。想當然在成長的過程中也從沒吃過什麼苦。成績優異的兒子是陳老闆夫妻倆的驕傲，每每陳太太講起兒子時總是眼睛發亮、眉飛色舞。年紀輕輕的兒子不僅生活優渥無虞，甚至還擁有父母贈與的車子、房產，真可謂是幸福百分百的天之驕子。

由於兒子逐漸成年，中年的陳老闆夫婦渴望兒子接班的心情，總是溢於言表，偶爾在朋友面前都會透露日後這些家業都要留給兒子。當然，這些話在兒子面前也就是這樣說的。

幾年過去了，在陳老闆夫婦深切的盼望之下，成績優秀的兒子研究所畢業，順利在大公司任職。兩、三年後，陳老闆夫婦就急著把兒子召回來自家公司工作，準備讓他接班了。

陳老闆夫妻辛苦了大半輩子，總算把他們後半生的指望給盼回來了，他們樂觀地以為有了兒子的協助，陳老闆這個做老爸的終於可以享福了。一切都計劃得如此美好。

可怎知，頂著高學歷、聰明又有才幹的兒子一回來，走進自家烏漆嘛黑的傳統產業工廠，看著他眼中雜亂無章又沒效率的公司，到處都是缺點，到處都是問題，怎麼看怎麼不順眼……

父子倆對公司管理、工作流程安排、員工問題……等等看法各異，兒子認為老爸這套根本就不行、落伍了，老爸認為兒子初出茅廬看法偏差；就這樣，父子倆經常為了意見相左而起口角，衝突不斷發生。自視甚高的兒子辯才無礙，講起理論頭頭是道、言之有物，個性敦厚老實的陳老闆根本就招架不住，以至於每次都被兒子氣到滿臉脹紅說不出話來，惱怒不堪。

時間久了，漸漸地，陳老闆失去了笑容，因為不管在家裡或在公司，他彷彿都是最弱勢的，沒有說話的餘地，那滿腹的鬱卒不平無處抒發。長期累積下來，他不僅身體經常不舒服，心境上也開始感到茫然了。

他說，他的人生不知為何而戰？他都六十幾歲了，身體也不是很好，多年經商的積蓄省著點用，足夠他夫妻倆養老了。如果不是為了兒子回來接班，他也不需要把自己搞得負擔這麼重、壓力這麼大。身心疲累也就算了，他還要經常被兒子數落跟指責。

這天，陳老闆突然覺得自己老了，也累了，望著天空，他不知道自己辛苦大半輩子，到底為了什麼？他不知道自己做錯了什麼，才會讓兒子這樣對待自己？他問自己真的不行了嗎？他突然覺得自己的處境很淒涼。

離開陳老闆的公司，我開著車，心裡卻還是浮現陳老闆那對無奈又茫然的眼神。

「養兒防老」是中國人傳統的觀念，很多做父母的，自己捨不得吃穿，省吃儉用就是為了給子女更好的生活。而且對子女呵護備至，捨不得打、捨不得罵。但曾幾何時，這些從小被捧在手心，養尊處優、茶來伸手飯來張口的孩子，對於父母的給予習以為常，認為他們所獲得的一切都是應該的，有些甚至還認為反正父母的家業一切也終將都是他的。

這些看似優秀的孩子長大了，養成了自私自利、自以為是的個性，不僅抗壓性低、沒有包容心，更沒有感恩之心。凡事經常都是先檢討別人，他們看不見自己的缺失，更別說反省自己了。

想到陳老闆哀聲嘆息的樣子，我突然想到另一位客戶翁老闆。

每次到翁老闆的公司，翁老闆夫妻倆總是熱情地泡茶招呼我，翁老闆的兩個兒子也都已經成年，但克勤克儉的翁老闆夫妻倆也沒給小孩什麼優渥的物質享受。兒子從小就跟著父母在工廠裡頭幫忙，跟其他的員工一樣，捲起袖子揮汗在油煙跟噪音充斥的工廠裡操作機台。這兩年，兒子當完兵回來，工廠裡的工作大都由兩個兒子發落，翁老闆夫妻倆感覺輕鬆不少。

由於一路走來深切感受到父母的辛勞，翁老闆的兒子對父母相當孝順，他們一家人的互動就像成語裡形容的「父慈子孝、兄友弟恭」這般和樂，雖然兩個兒子沒有顯赫的學歷、沒有辯才無礙的口條跟英俊出色的外表，但兄弟倆對人親切和善有禮貌，對待父母殷勤又孝順，而且跟翁老闆夫妻倆一樣務實節儉。每次跟翁老闆夫婦泡茶聊天時，他們的兒子忙完也會坐過來邊聽邊聊……這樣的情景每每讓人覺得很溫馨。

相對於陳老闆的處境，翁老闆是幸福得多了。

俗語說「天下父母心」，做父母的用盡心思努力栽培子女，到底是為了什麼？到底希望子女長大後成為什麼樣的人？我想，絕對不會是成績優異、出類拔萃，是親友眼中稱讚的對象，但是卻個性高傲自大、待人冷漠、不知感恩。

台語有句話講：「倖子不孝，倖豬夯灶。」用來規勸父母別太過放縱、溺愛子女，意思是說養兒養女如果不孝，還不如養豬來的有經濟效益。

還有一句話說：「慈母多敗兒。」意指姑息從來就不是愛，而是害。因為過度的姑息、縱容孩子，很容易讓孩子養成錯誤的價值觀，等他長大出社會後才發現，原來外面的世界跟家裡不一樣，沒人對他百依百順，無法讓他予取予求。並且可能造成孩子人際關係的困難跟挫折感。因此可能衍生更多的不滿跟嗔怨，造成家庭跟社會的問題。

所以，愛子女就不要害他吧！因為「德不配位必有災殃」，過度消耗自己的福分會招來不好的事，唯有厚德才能載物。父母給子女萬貫家財以及優渥的生活享受，但子女如果長大變成自私自利、不知感恩的「白眼郎」，那孩子終究也是「有福難享」，反過來還可能會造成父母家人的無奈或傷害。與其演變成如此，那實在更應該積極點，告訴孩子要有知福惜福、行善積德的心，以及培養愛人包容、勤勞務實、寬融處世的觀念，這樣才能真正給子女幫助。

第三章 神諭篇

正德修齊不忘本，
出離世間有何困？
人道天道怎來分？
一念成就證法身。

龍樹菩薩顯聖記

白雲松濤有相逢，復識嶗山隱仙蹤。
太清宮前眼匆匆，乍現靈光千百重。
修凡入聖借紅塵，尋幽訪道渡海空。
龍樹禪語解愁容，十二因緣知無明。
攀峰登頂眺蒼穹，天人交會一念中。

二〇〇〇年開始，平日裡家庭事業兩頭忙的我，每年都會安排一趟名山聖地之旅。主要想要趁著年紀不算太大，腳力還可以的時候，去拜訪這些風光明媚、歷史悠久的名寺古剎，藉此感受一下歷史的軌跡，並且洗滌身心，放鬆心情。

後來，我與幾位企業界年紀相仿、興趣相投的好友，偶爾會揪團一同出遊。

幾年下來，在經過名山聖地的洗禮，以及仙佛的靈驗感召之下，大家待人處世的思維、價值觀與態度都有顯著的成長跟改變。因此，每年的出國朝聖旅遊，漸漸變成了固定的行程。這些年遊歷了峨嵋山、五臺山、普陀山、天山、崑崙山、青城山、崆峒山、七曲山……等等儒釋道三教的道場。

每一次的旅遊，對大家而言，是暫時拋下世俗的塵囂與繁忙，回歸山川大地，深切感受大自然的奧妙，並且體驗歷史的痕跡，以及感受宗教人文的啟發。儘管有時天寒地凍、有時酷暑炎熱、有時路途顛簸，但豐盛的心靈收穫，都讓人深覺不虛此行。

這次，我們的行程是拜訪位於山東省的泰山與嶗山。泰山對我而言算是舊地重遊，因為它景色秀麗、巍峨壯觀，其鍾靈毓秀之氣，獨尊五嶽，真的值得一去再去！

進行了幾年的訪聖之旅，近年來因為團員的增加，旅遊的舒適度也日漸提升。雖然這次山東之旅的食宿已經算是歷年來最好的一次，但或許團員們畢竟都是企業主，生活品質有一定程度的講究，所以對於旅行社所安排的交通食宿多了些微詞。這幾天的行程下來，我隱約感覺團員的心情跟出遊時的氛圍跟前幾次有很大的不同。

今天，我們從濟南出發，要到青島的海上名山——「嶗山」。由於路程遙遠，縱使遊覽車在高速公路上以時速一百公里行駛，扣除中途停靠休息站、下車上個洗手間，我們從早上八點出發，足足坐了七個小時的車，下午三點半才到達嶗山。

嶗山的景色真是美呆了！波瀾壯闊的大海，風景秀麗的青山綠樹，建築莊嚴的寺廟……放眼所及，皆讓我們驚嘆不已！難怪人們說這裡是海上仙山、世外桃源。可是，到了遊客中心才知道，這裡的寺廟四點半就會關門，電瓶車[5]五點就停駛，也就是說，我們只有一個半小時的時間遊覽。天啊！這裡範圍這麼大，怎麼夠時間參觀？大家舟車勞頓、千里迢迢地來到這裡，怎麼捨得匆匆一瞥就離開？「這是怎麼安排行程的呀！」「唉呀！可惜啦！」此刻，團員們幾天來對於旅行社的種種負面情緒終於傾巢而出了！

懷著依依不捨的心情離開了嶗山，團員們惋惜跟不滿的情緒堆積到了頂點。對於這幾天行程中發生的點點滴滴，我看在眼裡，心情也是五味雜陳。

這天的晚餐，是旅行社標榜的特色風味餐，餐廳位於青島市區的一處狹小巷弄。走進餐廳的包廂後，桌上偌大的海鮮鍋鼎擺滿佳餚的景象讓我錯愕。海鮮鍋冒著熱騰騰的煙霧，幾乎占了三分之二的桌面，裡頭擺滿了鮑魚、明蝦、螃蟹、蛤蜊、九孔、鳳螺……等等各式海鮮，菜色澎湃至極。一旁的服務生還陸續擺上一道道的小菜，導遊小姐則開心地向我們介紹這是當地著名的海鮮大餐。

看著滿桌的佳餚與冒著熱氣的巨大海鮮鍋，我的心情卻沉重了。我心想：曾幾何時，我有需要如此豪奢的享受？這是我出來遊歷的目的嗎？這是我要的嗎？坐不到幾分鐘，挨不住心裡頭的沉悶，我放下了碗筷，離開包廂，想到外頭透透氣，儘管外頭寒風刺骨，氣溫只有攝氏兩、三度。

吹著風，我看著沒有月亮的夜空，回想了這幾年來每年固定的名山聖地之旅，從最初只有我跟外子，慢慢增加到四個人，六個人，八個人，到今年的十個人……

每一次的旅程，除了遠離塵囂、放鬆心情之外，在遊歷這些名山聖地跟古廟名剎的同時，如果因緣俱足，也能獲得仙佛開示的智慧。雖然旅程中不免奔波與勞累，但是每一趟行程走下來，就是一次的心靈洗滌，都是法喜充滿的體驗。

但或許是因為參與的人越來越多，每個人對於旅遊的條件要求不同，要兼顧

5 電瓶車，以蓄電池作為動力來源的小型運輸車輛。

跟考量的事情也就越來越多，而這些旅程當中累積的問題，終於在這個海鮮大餐的晚上爆發了。

看到桌上澎湃豐盛的美食，想到一頓餐宴所費不貲，想到住宿條件從原本的三星到四星到五星……我陷入了一股莫名的困惑。回想幾年前跟外子第一次出遊時，吃住都很簡便，但是心情卻輕鬆自在。但曾幾何時，旅遊失去了焦點，物質需求越來越多，花費等級也就越來越高。我告訴自己，這不是我想要的方式。我來遊歷這些名山聖地不是為了享受美食，也不是為了住宿豪華旅館。吃什麼與住多好，對我而言根本不是重點！哪怕是在泰山山頂吹著寒風吃一碗泡麵，對我而言，都是很棒的享受。

我知道自己想要的是清靜跟自在地旅行。或許是腦子裡充斥著這些想法，不知不覺間，我在用餐時變得黯然無言了。

回到飯店，我告訴外子，這次是最後一次團體旅行了，明年我要自己出來旅遊，因為這種趕時間、講究吃住的行程，並不是我想要的旅遊方式。這一晚，我就帶著這樣的情緒上床睡覺。

沒想到，人生的轉折隨時會發生，這個奇遇，就發生在清晨五點多，一個真真實實的夢境裡。

清晨，我夢見自己走到山路上的一個平台，遇見一位老婆婆跟她的兒子。老婆婆告訴我，她在跟老師學唸經，接著她問我：「妳可不可以幫我設計一張表單，讓我方便紀錄什麼時候唸了什麼經。」我說：「那是我的專長，當然可以啊！但我先去前面處理事情，等會兒就過來。」

接下來，我繼續往前走。前方有一個通道，我的一位客戶，「上人」公司的老闆娘，站在通道中間與兩位營業人員討論業務發展事宜。我看到他們在通道的牆邊設置了一座展示櫃，卻沒有架設燈光，我就跟老闆娘說：「你們怎麼不在展示櫃上裝個燈，這樣會比較明亮，來往的行人就會注意到你們的產品啊！」

接下來，我就走回老婆婆母子這裡。我問老婆婆都唸些什麼經？有哪些是要注意的重點？接著拿起筆在老婆婆原先的表單上塗塗改改。修改完，老婆婆就站了起來，我攙著她往前走，正準備走下階梯時，我們竟然飄浮起來，站在空中。

看著底下的石階跟山下的街景，我頭皮發麻，嚇得全身皮皮銼！這情況真是太令人驚訝了，我轉頭看著神色自若的老婆婆說：「妳……妳……妳不是普通人喔！妳是神仙，妳真的是神仙喔！」或許因為我還困在昨晚的情緒裡，我看著微笑的老婆婆，央求她說：「那您可以教我怎樣不起煩惱心？」

老婆婆說：「我是比你們有福報，我年輕的時候就知道懺悔心；而妳，太過於自大……」聽到她這番話，我嚇出一身汗來，連忙解釋，我承認我以前確實有些傲慢自大，但這些年來已經修正許多。

老婆婆微笑著點了點頭。到了山腳下，老婆婆對我說，她兒子站在前方路口，接著就跟我告別。忽然間，母子倆的身影就消失在路的盡頭。

這時，我突然從夢裡醒來，起床站在床邊，想著剛剛這個真實又奇特的夢境。我驚呼：「哎呀！是『龍樹菩薩』來開示。」接著，我又自言自語：「原來，泰山入山口的十二支龍柱，代表著『十二因緣』。」這時候，不知怎地，我的心頭一陣酸楚，眼淚竟然就無法控制地流了下來，一直流，一直流……

看著窗外一道陽光透過窗簾照進了房間，我知道龍樹菩薩還在我旁邊。我走到桌前拿起飯店的信紙跟筆，想要寫下祂的話。祂對我說：「什麼叫做『妳要的方式』？妳要的方式，應該是沒有方式啊！眾生不是妳想要渡什麼人才去渡什麼人，而是妳遇到什麼人就要渡什麼人。任何的方式，都是有選擇、有分別，都是偏離了正道，這樣都不是圓滿。如果不能圓滿，妳還修這個道幹什麼？」菩薩接著說：「妳前世裡修行的地方與我的住處只隔一道籬笆，我見妳久久不能悟道，便化作孩童的模樣在樹林裡點化妳，可惜那一世妳仍然沒有開悟。今日，妳一到嶗山，我就在妳身邊了，但是妳太過匆忙，沒有靜下心來用心感受……」

龍樹菩薩的每一句話，都深深地說入了我的心裡，我的眼淚不停地流著。接著，菩薩送了我一首詩偈，祂說：

（台語）前緣會今世，
千思萬萬飛。
若得有懺悔，
成仙有機會。

頓時，我彷彿看到了自己內心深處的傲慢，也彷彿看到了不斷輪迴的癥結。那個當下，深深悔懺、省悟的心念襲來，我竟然無法控制地號啕大哭……

祂說：「吾為妳點上十二支燭光，代表一個登天的願望。」

最後，龍樹菩薩留了這首詩偈給我：

（台語）徹天為命元山聖記，
潛心為道難能奉持。
今得有緣吾來點妳，
若能開悟輪迴脫離。

菩薩說完就消失了，獨留坐在桌前淚流滿面的我，看著被淚水沾濕的信紙上書寫凌亂的詩句，半晌都說不出話來，只是拚命地流著淚，淚水裡滿是懺悔與感恩。

一會兒，心情比較平緩了，我便用手機上網查詢「十二因緣」的意思，維基百科裡是這樣寫的：

十二因緣為佛教重要基礎理論之一，是釋迦牟尼佛陀自修自證得到的真理，指從「無明」到「老死」、從過去世到未來世，這一過程的十二個環節。它們之間因果相續而無間斷，使人流轉於生死輪迴大海，而不能出離。「十二因緣」就是：「無明、行、識、名色、六處、觸、受、愛、取、有、生、老死」，這十二個緣生法都是無常的。它們之間是「依此有故彼有、此生故彼生」的緣起關聯：一、「無明」緣「行」（緣：可解作引起），二、「行」緣「識」，三、「識」緣「名色」，四、「名色」緣「六處」，五、「六處」緣「觸」，六、「觸」緣「受」，七、「受」緣「愛」，八、「愛」緣「取」，九、「取」緣「有」，十、「有」緣「生」，十一、「生」緣「老死」，十二、「老死」；周而復始。

當下，我的身體就像被電流貫通一樣，全身發麻，終於明白人為什麼會不斷地生死輪迴，沉淪苦海，而一直無法出離的關鍵，原來所有的束縛跟枷鎖，都是自己的意念造成，然後再承受自己的執著所帶來的苦果！

在累世的輪迴當中，人有太多無明與執著，這些無明與執著盤根錯節，反覆糾纏，牽動著我們的意念，綑綁了我們的心靈。生活當中，本來就有很多事情無法盡如人意，但我們往往忽略了真正的焦點，只看到表面的缺失或負面的影響，而沒有用平常心跟包容心去面對。比如，下雨天雖然造成很多不方便，但雨水卻能滋潤大地帶來生機，下雨過後的彩虹更是絢爛美麗；同樣的一件事物，可以從正面跟反面的思維點去看，那感受就會迥然不同了。

很多人都想修行，也想尋求道理。如莊子所言，道在屎尿之間；六祖大師也說，修行在行住坐臥當中。因而，真正的修行，就在日常生活裡去實踐，在人情世故的應對進退裡去體驗，在一次次的反省跟懺悔當中去了悟，在每一次的挫折跟失敗當中淬鍊出智慧，讓人因此學會放下了執著，在每個當下，清淨自在。

到了那個時候，我們會發覺，仙鄉淨土，其實就在自己的心裡！

孔明先師的啟發

無求的人，明白。

——南投縣魚池鄉「啟示玄機院」孔明先師法語

章回小說《三國演義》裡面，要說兼具智慧與忠義的代表人物，非諸葛亮莫屬了！

諸葛亮，字孔明，是中國歷史上相當知名的政治家跟軍事家。當年劉備三顧茅廬才請得諸葛亮出山輔佐，終於奠定了蜀漢三分天下的地位。諸葛亮在〈出師表〉中，以「鞠躬盡瘁、死而後已」表明心跡，他的才能跟品格深受後世的敬仰，也是中國傳統文化裡忠臣與智者的代表。

記得以前求學的時候讀《三國演義》，對諸葛亮的聰明機智佩服不已；草船借箭、空城計……等等，也是家喻戶曉，令人深深著迷，值得一看再看的故事；

當唸到〈出師表〉的最後一句「臨表涕泣、不知所云」時，他忠君愛國的情操則會令人感動到潸然淚下。

三國時代的神格化人物，最知名的是關公，關公信仰早已普及民間。而孔明也一樣受到世人景仰，建廟奉祀。台灣有一間孔明廟，位於南投縣魚池鄉，名為「啟示玄機院」。這間孔明廟以籤詩相當靈驗而著名。我曾利用假期到南投朋友的山上別墅度假，順道造訪啟示玄機院。

啟示玄機院坐落在從路旁轉入的巷道之內，廟宇的腹地不大，但樸實中有一股傲然的氣勢。

因為這裡最出名的是「靈籤」，我與同行的友人，都填了單子，向堂上的孔明先師請示事業運勢。求到籤後，我與友人探討各自抽到的籤詩含意，並將心中的想法，與現況、未來展望一併對照，甚覺這裡的籤詩靈驗無比，而且寓意深遠。

參拜完，從啟示玄機院走出來的時候，我聽到虛空中傳來一句話：「無求的人，明白。」當下令我心頭一震，驚呼：好有智慧的一句話，真不愧是天下第一軍師。

有句俗話說：「當局者迷，旁觀者清。」意喻身在當下的人，往往受限於自身對人對事的看法，而不能冷靜清楚地看見事情的全貌。倒是在旁邊的局外人因為不受這些主觀心境的影響，而能明辨事理，不為所惑。

由於我們對於周遭的人事物往往都有自己的看法及期望，所以有了貪著。不管是對人還是對事，我們希望一切照著自己的想法演變，依我們的計畫完成；也希望別人用我們想要的方式對待我們，或是依我們的標準成為我們想要的模樣。

因為心裡存有「想要」、「希望」、「祈求」或「期待」，使得我們無法以平常心來面對事情，常常受到別人的喜怒哀樂而牽動自身的喜怒哀樂。

人不是萬能，人生的變化和因緣的牽引相當巧妙，常常計畫趕不上變化。所以當結果不如預期時，我們便產生了失落、不平，甚至憤怒或嗔怨之感，因而時時受到情緒的折磨而無法自在，甚至快樂不起來。想想，這個想要或期待的心，不就是「求」嗎？不就是貪著嗎？

我們經常聽到要保持平常心，但事情來了，就又陷入其中，焦躁、疑慮、沮喪、憤怒、失落……百感交集，無法保持平常心。

去掉了這個「求」，不就是平常心了嗎？

平常心就像旁觀者，不受當局者的心境左右，因此就能看得清楚，比較能冷靜寬懷地來因應處理。

文昌帝君曾經說過：「若融寬，代誌就簡單。心若期望，代誌就困難。」帝君這話的意思，跟孔明先師的話有著異曲同工之妙。

意思都是提醒我們，隨順因緣不要強求，凡事盡力而為，但對於事情的結果要用平常心去面對，這樣才不會患得患失而造成心境的起伏，當心境融寬了，事情反而變得順利了。

土地公的智慧

財是應德而來。

——福德正神法語

某日下午的空檔，我跟朋友相約到西子灣的山邊喝咖啡，也順道去附近的哨船頭土地公廟[6]拜拜。聽說這是一間歷史悠久的土地公廟，神威顯赫、聲名遠播，經常可見開著賓士、ＢＭＷ……等各式名車的富豪、老闆帶著供品來這裡拜拜。

這座四百多年歷史的土地公廟，有著古老的建築、小小的廟體，跨過門檻，映入眼簾的土地公神像，坐鎮在被香火薰得烏黑的牆壁和天花板中間，整個內殿看得出來年代相當久遠。

6 哨船頭土地公廟，位於高雄市鼓山區，早在四百年前就有漢人在哨船頭里定居，里內的開台福德宮相傳是台灣最早土地公廟。

禮拜完，我與友人坐在廟前廣場的椅子休息，原本以為會酷熱難耐，沒想到陣陣輕風吹來，暑氣全消。我們靜靜地享受著涼風徐徐的午後，覺得通體舒暢、神清氣爽。

同行的友人告訴我，這間土地公廟遠近馳名，有很多人不遠千里而來朝拜，相當靈驗……就在這個時候，我背後正殿上的土地公傳了訊息過來，祂告訴我：

「財是應德而來。」

我好奇土地公這話的意思，便向祂請教。土地公說，幾百年來，這些不計其數的信徒從各地慕名、蜂擁而來，他們共通的目的不外乎就是——「求財」兩個字。

但是眾生的心就像海的波浪一樣，起起伏伏，汲汲追求而沒有止境。因此，舉凡像：新北市中和的「烘爐地」福德宮、南投竹山的「紫南宮」、台南關子嶺的「崁頂福安宮」、高雄田寮的「大南天福德宮」、屏東車城的「福德宮」與墾丁「高山巖福德宮」……這些著名的土地公廟總是長年香火鼎盛，信眾絡繹不絕。

但是，當人們在汲汲追求名利的同時，奔忙勞頓，身心自然難以平靜。

俗話說：「人兩隻腳，錢四隻腳。」兩隻腳的人，再怎麼努力地跑，也追不到長了四隻腳的錢。「財是應德而來」，今天土地公告訴我一個道理：「人有多少福德，就能助蔭自己獲得多少財富。」

祂說祂手上有一本簿子，專門紀錄著每個人「做了多少」。這個「做了多少」，指的不是供奉多少供品，也不是燒給祂多少金銀紙錢，而是自己做了多少福德。前世做了多少布施決定這輩子獲得多少財富，但大量的錢財獲得，對於福德不夠的人來說，並非好事。

《太上感應篇》裡有句話：「福禍相倚。」當天大的好事降臨時，反而要戒慎恐懼，因為福與禍是一體的兩個面，如果自身福德不夠的話，會承受不起，必然內損，要嘛身體不好、要嘛婚姻不順或是家道中落……《易經》裡頭說的「德不配位必有災殃」，也是這個道理。

信仰是人們的精神依靠，但是人們在向神明虔誠膜拜、許願及求財的同時，應該也要省思自己到底積存了多少「福德資糧」。

我在廟裡服務的這些年來，看到很多人來求神拜佛，希望神明有求必應。但同時那麼多的人都在求，神明要如何滿足每個人的需求？

有道是「巧婦難為無米之炊」，眾生如果自己平時沒多積點福德，神明要拿什麼來幫助眾生心想事成？於是乎，當有求之不得或有求沒應的時候，有些信徒就會開始對神明抱怨或是認為神明不靈驗、沒保佑，有些甚至就另謀他途，改拜其他的神明去也。這些各式各樣的眾生相，看在神明的眼裡不知道會不會啼笑皆非！

唉！想來，神明還真的是難為啊！

總歸來說，厚德載物，有足夠的福德，才足以撐起一切。人生的運勢是高高低低、起起伏伏的，縱使當前時運不濟，但千萬不要灰心，只要心存正念，腳踏實地，持之以恆地努力，神明就像長輩，一定會適時地伸出援手，拉你一把、幫助你迎向光明的！

比干先師的提醒

（台語）無心無腸知千里，
手腦並存能造利。
眼觀慧智多失意，
靜空在心知道理。

——比干先師法語

二〇一三年我到河南旅行時，造訪了河南新鄉的比干廟。
由於我在上一本《透視靈間》當中有一篇〈九世貓〉，就介紹過這間比干廟，
因此在這裡也就不贅述了。
很多人應該都看過《封神榜》這本書，在《封神榜》的故事當中，忠肝義膽

的比干是紂王的親叔叔，也是一位賢臣。

由於當時的紂王已經被九尾狐狸精妲己所迷惑，無心朝政又荒淫無度。個性剛正的比干由於忠言直諫，因此開罪於紂王和妲己。妲己假借舉世都稱比干是一代賢人，聽說他擁有一顆「七竅玲瓏心」，她想要開開眼界。為了這個荒誕的理由，紂王因此傳喚比干上朝晉見，並當場命令他把心挖出來，讓眾人看個究竟。

比干明知道此行會性命難保，要出發去見紂王之前，他先找姜子牙來商討對策。於是，姜子牙就施展法術，叫比干服先服食一道神符，這樣就能保護他剖出心臟之後仍然可以活命。

只是，道高一尺魔高一丈。剖心之後的比干，在路上遇見妲己所幻化的婦人在叫賣「無心菜」，比干便問婦人：「菜無心可活，人若是無心如何？」結果，那菜販立即回答：「人無心即死。」比干一聽到這句話，竟然就當場倒地、一命嗚呼，一代忠良賢臣就這麼死了。

相傳「空心菜」之名便是由此而來。

有了故事的鋪陳，對於參觀這座盛大莊嚴的廟宇的人來說，更有一種崇敬的感覺。參拜完，我站在殿前，細心端詳著大殿裡莊嚴的比干神像。

此時，空間中，傳來比干先師的一首詩偈：

（台語）無心無腸知千里，
手腦並存能造利。
眼觀慧智多失意，
靜空在心知道理。

很多人會問我，神明傳詩偈時都講台語嗎？倒也不是。祂們傳來的是一個意念，或許是每個人根器不同，我接下那意念寫下來的詩句，用台語唸起來押韻又順口。也可能因為神明大多是古代人，當時說的是一種「河洛話」，跟我們講的台語的語音很像。

看著紙上寫的這四句詩偈，我試著解讀這首詩偈所要傳達的意思。

在日常中，我們形容一個人的好壞，常常會用心腸好壞來比喻。「鐵石心腸」，形容一個人性格很強硬、不易被情感所動搖；而「菩薩心腸」，則是一個人具有慈悲善良的心。那麼這「心腸」往往代表一種感知，也是內心的意思。

這首詩偈的意思是說，人們會因為感受和認知，而產生相呼應的行為，然後自己再來承擔這個行為的過程和結果所造成的折磨。心境的感受、認知常常左右和主宰一個人的行為，因此造成了一個人的命運。

所謂「靜感知天」，人們常常會用自己主觀的心情見地去認知和臆測所見或未知的人事物，因此會被眼前的「境」所迷惑、困住，而無法通達寬廣、洞悉真相，也因此無法看透自我眼界以外廣闊的大千世界。

詩偈裡說的「造利」，並非是個人的利益；而是指領悟到的道理和想法，就要透過在日常生活當中身體力行去實踐，去做更多利益眾生之事，而自己也會在履行及實踐的過程當中領悟智慧、法喜充滿，因而跟著受益。

文昌帝君曾經說過：

（台語）心隨境轉不留痕，
來來去去多愁恨。
萬般由心假似真，
道在相滅見真景。

帝君的意思是告訴我們，人往往被外界的人事物影響心情，但是眼前所見到的、所感受到的，往往並非是真的。如果可以把心念放下來，靜心空觀、不著好惡，即能辨別真偽，走出迷惘。

期許自己，當人生走過千山萬水，經歷波折磨難，靜心感悟紅塵皆為虛幻，就能放下欲望、執著，不再執迷。漸漸地，隨著心性的歷練成長，就會通透無礙，自然能逐步到達清靜自在的境界了。

文昌帝君法語（一）

（台語）門裡門外一線天，
今世前生念難剪。
若知凡塵果難斷，
何苦帶業入人間。

——文昌帝君法語

阿財喝著酒，越喝越心酸，越喝越怨嘆，忍不住發洩心裡憋了很久的怨氣，對著天空大喊：「天公伯啊！我一輩子都沒有做壞事，也沒有害人之心，為何做什麼代誌都不順利？為什麼一身軀攏是病？為什麼妻兒都遠離我？為什麼常被倒錢？為什麼淪落到這步田地？為什麼？天公伯啊真不公平，我真的好怨嘆哪！」

你可別以為這是電視劇裡演員的台詞，社會上像阿財這樣諸事不順、怨天尤人的人，比比皆是。文昌帝君曾經降示了這首詩偈，說明一些常見的現象。祂說：

（台語）半世行德白紙空，
一點草露望春風。
前世多怨絆今生，
哪知猶原困其中。

社會上有許多人過了大半輩子，雖然沒有做壞事，但是也沒做什麼好事，因此，庸庸碌碌地過了半生，所積的功德竟然只是一張白紙。縱使是這樣，當他們偶爾燒燒香，或是對人施予小惠，就希望能立即改變困境或者是獲得回報。

俗話說：「前世因，今世果。」人們因為前世的所作所為，造就這輩子的富貴衰榮、生死禍福。前世裡經常言行不義、多惹怨懟，這輩子就會遇見許多刁難自己或看自己不順眼的人。前世裡樂善好施、與人方便、多行善積德，這輩子便能謀事順遂，經常有貴人相助。

凡事有因就有果，是不變的道理。佛教所講的因果是造命論，並不是宿命論，也不是叫人鄉愿、迂腐。

人生之中，似乎就有那麼一條看不見的線在牽引這一切。就像有句話講：「落土時，八字命。」意思是指，人出生的時候，一切都已註定，人生的劇本也都寫好，什麼時間遇到什麼人，發生什麼事是既定的排程。那這樣一來，生活還有什麼好期待的？人生不就只能消極被動地等待一切發生了嗎？想到這裡不禁心頭打了個冷顫。

但是，可先別太早下定論了。《了凡四訓》一書，闡述「命」雖無法改變，但「運」是可以透過行善助人而扭轉的。並且，人都應該要有信仰，因為信仰是一種精神寄託，絕對的相信，能產生絕對的力量，這樣的力量，可以支撐人們走過災難坎坷，迎向光明。

信仰絕對不要變成執著跟束縛，我們還是要有智慧去處理日常生活中碰到的各種問題。因此，只要懷著積極正面的心，廣結善緣、修養心性，努力斷惡行善、廣行福德，縱使有災難臨近，也能逢凶化吉、扭轉厄運。

你看，社會上每天發生那麼多悲慘的事情，而人的一生當中也不可能是無風無浪、一切順暢，總會有心酸勞苦，總會遇到低潮、挫敗。

其實，老天爺會給很多人機會，但是很多人卻不給自己機會。

很多人對現況不滿，想要改變現況。有些人是義無反顧就像過河的卒子一樣，只能咬著牙戴著鋼盔向前衝。因為，如果沒有改變，只能坐以待斃。有些人則是想來想去，覺得這也不行、那也不行、這也過不去、那也過不去……好不容易跨出去一小步，但踢到鐵板後，就又縮回原地或者黯然放棄。很快地，三年、五年、十年過去了，那勇於付諸改變的人，終於掙得機會，讓自己安穩過生活；但害怕改變的人，依舊沉溺在消極負面的思維裡，繼續在哀怨艱苦地飄搖度日。

所以說，問題的癥結點在哪裡？不就是自己嗎？

對現況不滿嗎？別光是顧著自己的不滿。改變想法吧！因為想法不改變，結果還是不會改變的。如果十年、二十年後，甚至嚥下最後一口氣時，還在抱怨……那下輩子再來時，又要繼續抱怨嗎？別灰心氣餒，因為老天爺會給每人均等的機會，關了這扇窗，一定會在別處開一扇窗，太快放棄的話，就永遠無法改善人生的際遇。

有些人甚至會把自己的不順遂歸咎在「冤親債主」身上。殊不知，自己才是自己最大的冤親債主，自己的心才是折磨自己的罪魁禍首，只要能清楚覺悟這一點，心改變了，世界就會變了。

古德有云：「凡辛苦耕耘者，必能含淚豐收。」想要收穫豐盛的果實，真的要願意改變想法，付諸行動，而且堅持到底！

文昌帝君法語（二）

（台語）福禍隨心境時轉，
真假只在一念間。
色相猶如雲不散，
念念不生心自安。
開悟真道本無難，
隨心化境困茫茫。
塵世如夢幻無常，
來來去去何須戀。

——文昌帝君法語

這些年來，由於工作之餘也在廟裡服務，經常回答來到廟裡的信眾所請示的問題，信眾們問的問題可以說是五花八門，比如健康、感情、婚姻、事業、運途、官司、祖先問題、冤親債主，乃至於買車、買房……等等。

人們問了這麼多的問題，每一件事情神明都會給答案嗎？其實不一定。因為人們有很多的問題是自己的心境造成的，有很多事情是需要人為去努力改善的問題。所以，有些事情是沒有正確答案的，而只是在於人怎麼去做出抉擇跟取捨。

每個人在人生當中隨時都在面對考驗，而且經常要因應問題做出抉擇，但人們經常在放與不放之間，舉棋不定、左右為難，害怕做錯決定而導致不好的結果或下場，因此而深感困擾，造成心境起伏，無法冷靜地用平常心來面對考驗，同時也深感自身的智慧不足。

文昌帝君這首詩的意思是告訴我們，世間的一切福禍皆在起心動念的時候就已經決定，然而，人的心卻往往隨著眼睛所看見的人、事、物景象而時時在轉變。到底是真的？是假的？只有在自己的一念之間。

人世間的假相就像雲霧一般，罩在我們頂上的天空，無法散去；我們唯有努力修持自己的心、拋棄執著的意念，讓自己不要因為貪、嗔、癡、慢、疑……這些習性引起的雜念來牽引自己的身心，那麼，我們才能用平常心來面對跟處理事情。

要領悟真正的道理，最困難的就是在心境的修持及智慧的增長，因為人往往會受困在自己心境所幻化的景象中無法自拔，因此陷入愁苦、陷於茫然。

想一想，塵世就像夢一般變化無常，周遭的人事物來來去去，人生苦短、匆匆百年即逝，你我又何須因為留戀而心存罣礙、無法放下呢？

老子《道德經》有云：「吾所以有大患者，為吾有身。及吾無身，吾有何患？」意思是，我之所以有大患，是因為我有這個身體；如果我沒有了這個身體，我還有什麼需要擔心的呢？

也就是說，我們之所以身心遭受折磨，就在於我們本身的執著跟觀念，如果我們沒有這麼多的堅持、顧忌跟在意，而能夠放下自我，隨順因緣去面對每一件事，那就沒有什麼不能接受或不能適應的，自然也就沒有什麼事可以折磨自己了。

佛教團體法鼓山的創辦人聖嚴法師在生前最後一首詩偈說道：「無事忙中老，空裡有哭笑，本來沒有我，生死皆可拋。」這四句話令人印象深刻，撼動心扉。

想來，人生匆匆不過百年，好像才剛呱呱墜地，轉眼之間卻已髮鬢霜白、齒牙動搖了，日子一天一天過去，人也就一天天地老去。這個世界本來就沒有我，後來我出生在這世界上，等到時間「到了」，生命終了了，世界又回復到沒有我的狀態；既然是如此，那生死還有什麼好留戀、罣礙的呢？

聖嚴法師這短短的二十個字，字字珠璣，展現了修行者的無上的豁達與大智慧，也讓人感動不已！

文昌帝君法語（三）

（台語）福運隨緣不隨心，
福田隨心不隨緣，
福立隨人不隨天，
福成隨天不隨人。

——文昌帝君法語

拜現代科技所賜，一支手機可以儲存上千張照片，很多曾經發生過的事都可以再找尋、回味。有一天我在整理手機裡頭的照片時，無意間看到了文昌帝君的這首詩偈。

大約二十年前，台中聖華慈惠堂四周都是一片稻田，周遭環境相當清幽，也沒有什麼住家。但十幾年下來，隨著土地重劃，廟的前面興建了一棟棟的別墅，廟後方開了馬路，鄰近的快速道路也通車了。每當廟裡舉辦活動時，由於信眾群集，難免聲音吵雜，因此時常被附近的居民檢舉。為了解決這個問題，文昌帝君指示信眾另找土地興建廟宇。

一段時間以後，廟地是找到了，但籌建委員們對於廟地的購買各有想法，有的主張因為經費有限，要先把主體完成，其餘的以後再說；有的則主張建廟是千秋大業，應該要先把廟周遭的土地買起來，日後的建設跟規劃比較整體，不會設限。而且廟的腹地廣闊，也更顯莊嚴……

雖然廟裡有堂主，但是在民主的時代，堂主認為每個人的看法都是寶貴的意見，所以，廟裡的決策通常都是尊重大家的意見，並在請示仙佛後決定與執行。

當日，在請示文昌帝君關於廟地周遭土地的增購事宜時，帝君降示了這首詩偈。

初看詩文，覺得很有禪意，再經過堂主的解釋後，大家恍然大悟，不得不佩服文昌帝君的智慧！

這四句詩裡，每句字頭都是「福」，「四」福有「賜」福之意。總結來說，文昌帝君並沒有指示大家這廟地要買或是不買。不管購地這件事的結果如何，只要大家盡了心力，就是圓滿。

「福運」是說明運勢的演變需要因緣，就像《道德經》裡說的「善數不用籌策」，福運的有無，是要看因緣有沒有匯聚，因為人心是難以籌算的。

「福田」則比喻機會，人生之中的每一個機會，是需要運用人的智慧去一步步實現，而不是一味等待上天來成就。

「福立」意指事業的建立，要先考慮是否合乎人的需求，而非一切交給老天去決定。確定合乎人的需求，便能得到眾人的認同，一旦結合眾人共同的意志時，這事業良好的根基就已奠定。

「福成」是表示事業的成就，在經過謹慎評估且有智慧的考量，並得到多數人的認同後，上天自然會來幫助，正所謂「民之所欲，天必從之」，就是這個道理。

俗話說：「謀事在人，成事在天。」一遇到這個因緣，如何去執行，需要眾人充分地衡量與判斷，只要得到眾人的支持與認同，加上充分的準備，自然上天也會來幫忙的。

寫到這裡，忽然想起幾年前，由於廟地的申請礙於特定區法令的變更，資料送了又送，改了又改，申請了兩、三年卻遲遲沒有通過。就在大家想要放棄這塊地再另覓土地時，請示帝君。應眾弟子的要求下，帝君有了以下指示：

我文昌帝君在天上的殿堂相當寬廣，不需要眾弟子在人間蓋一座廟來給我住。這間廟蓋與不蓋，弟子們自己決定，因為這是為了眾弟子們，不是為了我。

我們聽了感到有點驚呀！因為信徒普遍的認知裡，都認為蓋廟是為了給神明濟世、發揮的，帝君卻說是為了眾弟子自己？

進一步請示帝君，祂的意思是說，宗教是廣渡十方信眾。人生苦短，生老病死無法掌握，因此寺廟的存在，是為了讓眾弟子與信眾們在世的時候，有一個拜拜的地方，有一個讓精神寄託的地方。

人生難免一死，等時候到了該走了，如果還沒有修到圓滿得以回天或超脫，最起碼還能繼續「寄靈」在寺廟中，跟在仙佛的身邊繼續修行，直到修行圓滿。而且，人死之後只剩下靈魂，靈魂有了寄託與依歸才不至於茫然而無所適從。

當時，大家聽完之後真的感動莫名，更加發心努力要來成就建廟的事業。所幸在眾人的努力與神明的保佑下，三年之後終於通過申請了。

在那當下，我才明白，原來，在寺廟服務的人，與其說是在「幫」神明做事，其實是在幫自己儲存資糧，為自己的「未來」鋪路。

這是什麼道理呢？

由於寺廟能廣渡十方有形無形的眾生，而護持寺廟、在寺廟做義工或者服務的人，能因此累積自己的福德。這長久累積下來的福德，就算這輩子沒用完，還能延續到下輩子用，等於下輩子一來就有福德存款，以福德扭轉厄運，過得順利平安些；福田累積廣的，還可能因此而衣食無憂、生活豐厚。

而且，在服務的過程當中，因為看見很多人生的無奈、茫然、不順遂或者不幸遭遇……因此能得到啟示，而能反觀自省，知道凡事不可苛求，更懂得珍惜所有，知福惜福。再加上誦讀宗教經典時，能因此聽聞跟學習到許多處世智慧跟道理，因此開通自己，增長福慧。

藉由行善能累積許多福德，能幫助我們下輩子過得平順安穩些，但因為仍有執著罣礙甚至因緣未了，那依然還是要繼續再來輪迴，必須經歷每一世的生老病死、生離死別的苦楚折磨。如果可以謙恭自省，修福修慧，開悟真理，自然有機會脫離生死輪迴的苦海，回歸清淨本來。

正所謂，修行修心，修行就在日常生活裡，在為人服務，利益眾生的同時，因而受惠而成就自己。

所以說，四福賜福，神明賜福予眾人，亦肯定眾人付出與努力。帝君這四句詩篇幅雖短，但其中的智慧與意涵卻是相當深遠！

LOCUS

LOCUS

LOCUS

LOCUS